Jens Georg Bachmann

Der Dirigent als Führungspersönlichkeit
im Spannungsfeld
zwischen Künstler und Manager

Eine praxisbezogene Betrachtung
und Untersuchung einer Doppelrolle

Zweite erweiterte Auflage

AF192243

Gewidmet in Dankbarkeit meinen Eltern
Beate Bachmann und Dr. phil. Rainer Bachmann,
die mich in meiner künstlerischen
und intellektuellen Entwicklung
vorbehaltlos konsequent und kontinuierlich
unterstützt, bestärkt und begleitet haben

Verlag: BoD · Books on Demand GmbH,
In de Tarpen 42, 22848 Norderstedt, bod@bod.de
Druck: Libri Plureos GmbH, Friedensallee 273,
22763 Hamburg
ISBN: 978-3-7693-2532-4

Inhaltsverzeichnis

1.0 Vorwort und Einleitung................................1

1.0 Vorwort...1

1.1 Vorwort zur zweiten Auflage 5

1.2 Kulturhistorischer Exkurs 7

1.3 Kunstphilosophischer Exkurs 12

    1.3.1 Wie bedingen sich Kunst und Management?...................................24

1.4 Kultur und Management 26

    1.4.1 Historische Beispiele künstlerisch-managerialer Doppelbegabungen...............31

    1.4.2 Interdependenz von Kunst und Management...................................39

1.5 Die Doppelrolle des Dirigenten 41

1.6 Persönliche Beweggründe und Motivation zur Themenwahl 42

1.7 Vorgehensweise.....................................44

2.0 Das Berufsbild des Dirigenten als Führungsperson.. 45

2.1 Außerkünstlerische Zuständigkeits- und Verantwortungsbereiche............................48

    2.1.1 Personalführung 49

        2.1.1.1 Personalentwicklung im künstlerischen Bereich 50

        2.1.1.2 Personalgespräche und -verhandlungen 60

    2.1.2 Kostenkalkulation 65

2.1.2.1 Budgetierung und Kostenrechnung 67

2.1.2.2 Fundraising und Sponsorengewinnung 74

2.1.3 Public Relations und Marketing..........78

2.1.3.1 Definition: PR & Marketing...80

2.1.3.2 Anwendung: Branding............81

2.1.4 Publikumsgewinnung.......................89

2.1.5 Change Management.........................98

2.1.6 Schnittstellen und Schnittmengen 108

3.0 Abschließende Betrachtungen 112

3.1 Empirische Betrachtungen 113

3.2 Fazit..119

3.2.1 Ausblick...123

3.2.1.1 Ausbildung und Kritik..........124

3.2.1.2 Schnittmengen von Künstler- und Unternehmertum.................130

3.2.1.3 Philosophischer Exkurs (Friedrich Schiller) 132

3.2.2 Abschluss.......................................135

3.3 Epilog...141

4.0 Quellenverzeichnis 143

4.1 Fachliteratur 143

4.2 Internetquellen 156

4.3 weitere Quellen 159

1.0 Vorwort und Einleitung

1.0 Vorwort

Das vorliegende Buch ist als Abschlussarbeit meines Kulturmanagementstudiums am Institut für Kultur- und Medienmanagement der Hochschule für Musik und Theater Hamburg entstanden. Dieses Studium wurde durchgeführt mit dem Wunsch, den vielen organisatorischen und administrativen Aspekten und Aufgaben meines Dirigentenberufs[1] eine fundierte Untermauerung zu bieten und dessen außermusikalischen, außerhalb der künstlerischen Arbeit liegenden Verantwortlichkeiten zu bestmöglichem Erfolg zu verhelfen. Rückblickend und empirisch betrachtet darf ich sagen, ist dies geglückt. Ich bin dankbar für die vielen hilfreichen, aufgrund der bereits erfolgten Berufserfahrung zwar nicht unbedingt immer neuen, jedoch bestätigenden und vor allem vertiefenden und konsolidierenden Inhalte. Meine besondere Dankbarkeit für die sorgfältige Mentorierung dieser Schrift gilt Oliver Graf (zum damaligen Zeitpunkt Geschäftsführender Intendant des Theaters für Niedersachsen in Hildesheim), zu dem auch über die Zusammenarbeit an diesem Buch hinaus ein guter, stets anregender Kontakt besteht.

---

[1] Der einfacheren Lesbarkeit halber und in Bezug auf den Praxisbezug des Autors wird im weiteren Verlauf die männliche Form der Hauptbetrachtungsperson Dirigent bzw. Generalmusikdirektor verwendet, die gleichberechtigt für alle Geschlechter stehen soll, ohne gegen andere Varianten oder das Gendering diskriminieren zu wollen.

Es sollte den Leserinnen und Lesern bitte bewusst sein, dass das vorliegende Buch einerseits eine wissenschaftliche Arbeit (mit zahlreichen fachliterarischen Quellenstudien und -nachweisen) ist, die sich, wie oben erwähnt, um die Beleuchtung und Vertiefung der kulturmanagerialen Bereiche, die den Dirigentenberuf[1] berühren oder auch mit beherrschen, bemüht – andererseits dies jedoch stets in Verbindung mit der dirigentischen Berufspraxis tut. Das Anliegen, das Spannungsfeld zwischen Künstler und Manager, also einer Doppelrolle, zu erforschen, erfolgt somit immer mit Blick auf die Relevanz für die tägliche Arbeit des Dirigentenberufes (in leitender Funktion); manches Mal auch aus dessen Blickwinkel, sodass die Komplexität des Dirigierberufes von den zwei Seiten (man könnte fast sagen, den zwei „Polen") des Künstlers und des Managers erhellt werden kann.

Wer als Dirigentin oder Dirigent – ob als GMD, in der Chordirektion, Studienleitung, in leitenden Interimsfunktionen, im semiprofessionellen oder Amateurbereich – sich immer wieder zeitnehmenden organisatorischen Aufgaben und Verantwortlichkeiten gegenübergestellt sieht, wer in diesem Berufsfeld unausweichlich auch Zuständigkeiten wahrnehmen muss oder möchte, die außerhalb des Kernbereichs der musikalischen Arbeit liegen, kann, so hoffe ich, mit Blick auf die sich wandelnden Ansprüche des dirigentischen Berufsbildes und Aufga-

2

benbereiches in diesem Buch einen hilfreichen Leitfaden finden, um die Schnittmengen zwischen Künstlerischem und Administrativem zu erkennen und zu benennen, in diese Einsicht zu erhalten und sie damit für sich greifbar zu machen. Es gibt jedoch auch relevante Bereiche und Aspekte des Kulturmanagements, die hier nicht näher benannt oder untersucht werden. Darunter fällt unter anderem das Qualitätsmanagement[2] (das in mancher Hinsicht im Bereich Personalentwicklung, Kapitel 2.1.1.1, berührt wird), Logistik und Disposition[3] (letztere ist in allen Proben- und z.B. damit verbundenen Raumbelegungsplänen vonnöten) sowie Recht, darunter das Verlags- und Urheberrecht[4] sowie das Arbeits- und Steuerrecht[5] (letztere sind wiederum hinsichtlich von zu verhandelnden und schließenden Arbeitsverträgen von Bedeutung). Vielleicht wären diese Bereiche eine Aufgabe für eine wesentlich ausführlichere Betrachtung und Erforschung der Doppelrolle. Denn wie in Kapitel 1.5 erwähnt wird, ist es verwunderlich, dass die Verbindung von scheinbar Gegensätzlichem – von Kunst und Verwaltung, von Künstlerischem und Managerialem in einer verantwortlichen Person – bisher auffallend wenig Beachtung gefunden hat, zumindest jedoch oft stillschwei-

---

[2] Knava/Heskia 2016

[3] Graf 2020

[4] Hillig 2023

[5] Schaub 2011

gend vorausgesetzt zu sein schien. Zwar liegen diese beiden Bereiche im dirigentischen Berufsfeld seit jeher nah beieinander, dennoch gehört zur Handhabe von deren Verbindungen und Interdependenzen neben vielseitiger Begabung, guten Absichten, Erfahrung und Intuition vor allem auch gutes Handwerk, also Sachkenntnis. Sie ist eine spezifische Kompetenz, die zum komplex gewordenen künstlerischen Verwaltungsbereich (Theater- und Konzertpädagogik, Budgetierung, Personalwesen, Marketing) durch das heute weit entwickelte Fach Kulturmanagement leicht hinzuerworben werden kann, um damit die dirigentischen Verantwortlichkeiten in leitender Funktion in allen möglichen oder nötigen Zuständigkeitsbereichen zu erleichtern und zu stützen.

Ob und wie ein Dirigent[1] in leitender Funktion diese Doppelrolle bestmöglich wahrnehmen kann und sollte, soll in diesem Buch untersucht und aufgezeigt werden.

Jens Georg Bachmann
Hamburg, Januar 2024

1.1 Vorwort zur zweiten Auflage

Es ist sehr begrüßenswert, dass sich dieses Buch seit seiner Herausgabe im Frühjahr 2024 einer interessierten Öffentlichkeit erfreut, die das in ihm beschriebene und behandelte Thema der Frage der Vereinbarkeit von künstlerischem Wirken und gleichzeitigem administrativem Schaffen zu beschäftigen scheint – unabhängig, ob in gleichwertiger oder unterschiedlich gewichteter Verantwortung.

Die beiden Aspekte von Künstlerischem und Administrativem, ihre Schnittmengen und die Frage ihrer Kohärenzmöglichkeiten durchliefen im Laufe der Jahrhunderte unterschiedliche Gewichtungen in Wissenschaft und Praxis. Die wissenschaftliche Einordnung und Betrachtungsweise der Kunst, die im Verlauf ihrer jahrhundertelangen Untersuchungen im Genaueren Ästhetik genannt wurde, ging jedoch geisteswissenschaftlich und philosophisch der Wissenschaft des organisatorischen und wirtschaftlichen Managements von Kunst als Kulturmanagement weit voraus. Auch die Praxis der gleichzeitigen Anwendung beider Bereiche erlebte individuell unterschiedliche Ausprägungen, da diese, wie hier festzustellen sein wird, immer an die persönlichen Prägungen sowie Kombinier- und Anwendungsfähigkeiten der Ausübenden gebunden war und ist.

Daher sei hier zunächst ein betrachtender kulturhistorischer und kunstphilosophischer Exkurs vorangestellt, um demgemäß die Frage von Aufgabe und Zweck der Kunst zu untersuchen sowie das Verhältnis von Kunst und deren Organisation bzw. Management näher zu beleuchten, herzuleiten und deren Verbindungen zueinander herzustellen. Dabei stellt sich die Frage, ob Kunst seit jeher autonom, d.h. von den außerkünstlerischen Umständen, Bedingungen und Notwendigkeiten unabhängig war oder sein sollte.

1.2 Kulturhistorischer Exkurs

Die heutige historische Erforschung von Kunst und Kultur innerhalb der Disziplin der Kunstgeschichte reicht mittlerweile 10.000 bis 35.000 Jahre[6] zurück bis zu den Höhlenmalereien in Frankreich und Spanien,[7] in denen Tiere abgebildet sind. Ob diese Abbildungen ritueller (z.B. zur Unterstützung der Jagd) oder rein nachahmender Natur sind, ob die Menschen sie gemalt haben, „weil sie Spaß daran hatten" oder „weil sie mit ihnen etwas ausdrücken wollten"[8], ist nicht einwandfrei festzustellen.[9] Dennoch zeigt vorgeschichtliche Kunst „Merkmale, die das Wesentliche eines Kunstwerkes ausmachen, nämlich in schöpferischer Gestaltung das Unbegreifliche in menschliche Dimensionen zu überführen, es […] verständlich zu machen [, …] geboren aus dem menschlichen Wollen, sich mit der Kunst eine neue geistige Dimension zu erschließen"[10], sei es einer spirituellen, jenseitigen oder religiösen Quelle zu dienen oder sich als Mensch mittels künstlerischen Ausdrucks als Teil eines transzendenten Systems zu erfahren und zu begreifen.[11]

---

[6] Partsch 1999: S. 10; Holle 1988; S. 8; S. 13

[7] ebd. S. 21f; S. 13f.; Holle 1988: S. 8

[8] Partsch 1999: S. 25

[9] ebd. S. 30

[10] Holle 1988: S. 8

[11] ebd. S. 9

Dass auch an antiken und vorchristlichen Gebrauchsge-
genständen – an Keramikvasen und Gefäßen – Bemalung
und Dekor in unterschiedlichen Farben, ziselierten Geo-
metriken und Abbildungen zu finden ist, spricht von einem ästhetischen Sinn und Bedürfnis des Menschen,
über die reine Zweckmäßigkeit und Gebrauchsfähigkeit
von Gegenständen hinaus eine optische Attraktivität,
eine visuelle Ästhetik anzubieten und – insbesondere
auch durch gegenständliche Abbildungen – etwas auszudrücken. Bereits hier lässt sich sinnbildlich erkennen,
dass der Mensch das Pragmatische und das Ästhetische
(offenbar in dieser Reihenfolge) zu einer natürlichen
Verbindung geführt hat.

Sobald die „geistigen Dimensionen"[10] zu ritueller und
institutioneller Art wurden – durch Spiritualität, Religi-
on, Machthaber, Auftraggeber –, wurde die Gestaltung
von Architektur – beispielsweise in Tempelbauten oder
Grabkammern – und von bildlichen Darstellungen und
Gegenständen in den Dienst und Zweck ebendieser Riten
und Institutionen gestellt;[12] Standbilder, Gemälde, auch
Balladen und Gesänge, wurden im Auftrage und Dienste
der Herrschenden für die Öffentlichkeit geschaffen; in
den Kirchen dienten die Darstellungen und Botschaften
der Gemälde jahrhundertelang zur Information, Bildung
und Beeinflussung all jener Menschen, die nicht lesen

---

[12] Partsch 1999: S. 11

8

konnten.[13] Mit einer definierten, übergeordneten Macht wurde Kunst in einen Zweck eingebunden oder für diesen geschaffen;[14] zunächst in der Absicht, auf der spirituellen Ebene eine transzendierende Verbindung vom Diesseits zum Jenseits zu fördern (in der Antike: z.B. durch Grabbeilegungen, im Christentum: z.B. durch Kirchengemälde), später, um auf der weltlichen Ebene der Präsenz bestimmter Persönlichkeiten durch die sie abbildende Bildende Kunst Nachdruck zu verleihen (Statuen, Portraits) oder ihnen in den Aufführenden Künsten Unterhaltung und Erbauung zu bieten (Musik, Poesie). Nichtzuletzt diente die im Auftrage von Kirche, Machthabern oder wohlhabenden Bürgern qualitativ hergestellte Bildende Kunst der quantitativen Sammlung von Ästhetischem und Reichtum,[15] sodass die Werke der Bildenden Kunst oft an konkrete Personen und Orte sowie durch realen Geldwert gebunden sind; dahingegen ist die in Auftrag gegebene Aufführende Kunst früh von ihren ursprünglichen Auftraggebern, Widmungsträgern und Uraufführungsorten unabhängig und eigenständig geworden und trägt hauptsächlich einen ideellen Wert.

---

[13] Partsch 1999: S. 11

[14] ebd.

[15] ebd.

9

Ob nun die Bildenden oder Aufführenden Künste (beides auch Musische Künste genannt[16]) heutzutage von Menschen rezipiert und genossen werden können, hängt jedoch allein von der Möglichkeit ab, sie ihnen, den Menschen, dauerhaft oder temporär zugänglich zu machen. Dies wiederum hängt von den Fähigkeiten derjenigen Menschen ab, die dies verantwortlich in geordneten Abläufen organisatorisch bewerkstelligen. Nicht nur Kunst zu schaffen, sondern hiernach rezipierbar zu machen und sie damit folglich auch monetarisieren zu können, ist demnach nicht nur eine organisatorische, sondern auch eine kaufmännische Aufgabe, denn:

Kulturmanagement bringt die Kultur zum Publikum, d. h. es stellt Austauschbeziehungen her zwischen den Künstlern und Kulturschaffenden [bzw. deren Werken, Anm. JGB] auf der einen Seite und den Kulturnutzern oder -konsumenten auf der anderen Seite.[17]

Die Autoren Heinrichs und Klein nennen in einem fachliterarischen Kompendium diese Aufgabe „interdisziplinär", „querschnittsorientiert" und „komplex"[18], da hierfür betriebswirtschaftliche, ökonomische, anthropologi-

---

[16] Koch 1976

[17] Heinrichs/Klein 2001: S. 193

[18] ebd. S. 194

sche, politische und rechtliche Aspekte zusammenflie-
ßen[19] – neben kultureller und künstlerischer Sachkenntnis, wie in den Kapiteln 1.3.1 und 1.4 festzustellen sein
wird.

---

[19] Heinrichs/Klein 2001: S. 193 f.

1.3 Kunstphilosophischer Exkurs

Als Begründer der Ästhetik in der Neuzeit wird gemeinhin Alexander Gottlieb Baumgarten bezeichnet, der 1735 in seinem Werk „Meditationes"*[20] die Ästhetik als eigenständige philosophische Disziplin formulierte und 1750 hierauf bezüglich seine Schrift „Aesthetica"[21] als „Theorie der Freien Künste"[18], als „Ästhetik der Kunstlehre"[22] herausgab, in der er postuliert, „dass es unsere Kunst verdient, zu einer Wissenschaft erhoben zu werden"[23]. Zu dieser Wissenschaft gehöre (aus dem Blick seiner Zeit) „jede beliebige Kunst"[24], „da die Erklärung auch auf Musik und Malerei gehen muß"[25]. Auch Hans Rudolf Schweizer betont, dass, laut Baumgarten, dessen Untersuchungen der „Aesthetica" „auch auf die Bildenden Künste und die Musik angewandt werden" sollen"[26].

Ausgehend vom aufklärerischen Geist am Ende des 18. Jahrhunderts veröffentlichte Karl Philipp Moritz 1785

---

[20] *„Meditationes de nonnullis ad poema pertinentibus" in: Baumgarten 1988: S. VIII

[21] Baumgarten 1988

[22] ebd. S. 3

[23] ebd. S. 7

[24] ebd. S. 5

[25] ebd. S. XI

[26] ebd.

seine frühe Schrift (der noch weitere, ähnliche folgen sollten[27]) „Über den Begriff des in sich selbst Vollendeten"[28], in der er – eine Weichenstellung für die Nachwelt – mit Blick auf die Kunst eine Trennung zwischen den Aspekten des Nützlichen (oder Zweckmäßigen) und des Schönen (bzw. der Schönheit) vornahm und propagiert:

> *[...] ich muss an einem schönen Gegenstande nur um sein selbst willen Vergnügen finden; zu dem Ende muß der Mangel der äußern Zweckmäßigkeit durch seine innere Zweckmäßigkeit ersetzt sein; der Gegenstand muß etwas in sich selbst Vollendetes sein.*[29]

Wenige Jahre später konstatiert Immanuel Kant 1790 in seinen profunden Erörterungen zum Wesen der Kunst in §44 seiner „Kritik der Urteilskraft" (im Teil der „Kritik der ästhetischen Urteilskraft"):[30]

> *Schöne Kunst dagegen ist eine Vorstellungsart, die für sich selbst zweckmäßig ist und, obgleich ohne*

---

[27] Ripplinger 2009

[28] Moritz 1981

[29] ebd. S. 545

[30] Kant 1922

Zweck, dennoch die Kultur der Gemütskräfte zur ge-
selligen Mitteilung befördert.[31]

Friedrich von Schiller, von dem im Kapitel 3.2.1.3 wieder die Rede sein wird, erfasst das Wesen der Kunst im
zweiten Brief „Über die ästhetische Erziehung des Menschen"[32] folgendermaßen:

> *[Die Kunst] muss die Wirklichkeit verlassen und sich*
> *mit anständiger Kühnheit über das Bedürfnis erhe-*
> *ben; denn die Kunst ist eine Tochter der Freiheit und*
> *von der Notwendigkeit der Geister, nicht von der*
> *Notdurft der Materie will sie ihre Vorschriften emp-*
> *fangen.*[33]

Gleichzeitig jedoch spricht Schiller an anderer Stelle von
einem Theater („Schaubühne"[30]) als „moralische An-
stalt"[34], womit er nicht nur – im Sinne des Deutschen
Idealismus – den ethischen, bildenden Einfluss auf und
den Sinn der Kunst für den Menschen beschreibt, sondern auch stillschweigend voraussetzt, dass Kunst (in
diesem Falle das Schauspiel) nicht bloß geschaffen, son-

---

[31] Moritz 1981 S. 158

[32] Schiller 1965/Schiller 1997

[33] Schiller 1965: S. 6

[34] https://www.friedrich-schiller-archiv.de/philosophische-schriften/die-
schaubuehne-als-eine-moralische-anstalt-betrachtet/ abgerufen am 9.9.2024

dern durch eine Institution wie ein Theater produziert und präsentiert, d.h. lebendig gehalten wird bzw. werden muss.

Goethe, der sich mit Schiller in Weimar in einem regen und dauerhaften Austausch befand,[35] konstatierte hingegen aphoristisch zu Beginn des 19. Jahrhunderts:

> *Wir wissen von keiner Welt als im Bezug auf den Menschen; wir wollen keine Kunst, als die ein Abdruck dieses Bezugs ist.*[36]

Wie später im Kapitel 1.4.1 erfolgender Auflistung von eher pragmatisch orientierten Künstlern zu erkennen ist, hatte Goethe eine empirischere und an die Notwendigkeiten der realen Lebensbedürfnisse ausgerichtete Sichtweise auf die Rolle und Funktion der Kunst und des Künstlers als Schiller und Kant. – Außer als Dichter und Naturforscher war Goethe neben seinen staatsdienenden Rollen am Weimarer Hof über mehr als zwei Jahrzehnte Intendant des Weimarer Hoftheaters und somit als Künstler mit der Organisation der aufführenden Künste (darunter auch die Oper) aufs engste verbunden.[37]

---

[35] Safranski 2009; Wulf 2022

[36] Goethe 1873: S. 77

[37] Fischer-Dieskau 2006

Goethes und Schillers Zeitgenosse Georg Wilhelm Friedrich Hegel, der sich in seinen „Vorlesungen über die Ästhetik"[38] ausführlich und für die Nachwelt prägend mit dem Wesen und Zweck sowie außerdem den einzelnen Disziplinen der Kunst (nach Hegel: Architektur, Skulptur, Malerei, Musik, Poesie[39]) beschäftigte, statuiert im ersten Teil seiner dreiteilig strukturierten „Vorlesungen über die Ästhetik" in dem Kapitel „Gewöhnliche Vorstellungen von der Kunst":

Was uns vom Kunstwerk zunächst als geläufige Vorstellung bekannt sein kann, betrifft folgende drei Bestimmungen:
1. Das Kunstwerk sei [...] durch menschliche Tätigkeit zuwege gebracht;
2. sei es wesentlich für den Menschen gemacht, und zwar für den Sinn desselben mehr oder weniger aus dem Sinnlichen entnommen;
3. habe es einen Zweck in sich.[40]

Im selben Teil der „Vorlesungen über die Ästhetik" und in dem Kapitel „Zweck der Kunst" summiert Hegel seine Ausführungen dahingehend,

---

[38] Hegel 1971

[39] ebd. S. 141–151

[40] ebd. S. 69

16

[...] daß die Kunst die <u>Wahrheit</u> [Hervorhebung von Hegel, Anm. JGB] in Form der sinnlichen Kunstgestaltung zu enthüllen [...] berufen sei und somit ihren Endzweck in sich, in dieser Darstellung und Enthüllung selber habe. Denn andere Zwecke, wie Belehrung, Reinigung, Besserung, Gelderwerb, Streben nach Ruhm und Ehre, gehen das Kunstwerk als solches nichts an und bestimmen nicht den Begriff desselben.[41]

Andere zeitgenössische Philosophen und Dichter, die sich der Auffassung des Selbstzwecks der Kunst (insbesondere auch mit Blick auf die Poesie) anschlossen, waren Friedrich Schlegel („Gespräch über die Poesie"[42]), Friedrich Schelling („Philosophie der Kunst"[43]) und Novalis („Allgemeiner Brouillon"[44]).

Im 19. Jahrhundert entstand, anschließend an die und basierend auf der Aussage von Kant, eine französischsprachige Strömung, die propagierte, dass Kunst sich selbst zu dienen hätte, allein sich selbst genüge und sich keinem äußeren Zweck dienbar machen sollte: *L'art pour l'art*, Kunst um der Kunst willen, oder lateinisch *ars gratia artis* lautete ihre Betitelung. Sie bezog sich

---

[41] Hegel 1971: S 108

[42] Schlegel 1967

[43] Schelling 1960

[44] Novalis 1978

zwar zum großen Teil auf Literatur und darstellende Kunst und stellte sich hauptsächlich gegen ideologische, religiöse – insbesondere moralische –[45] sowie politische Einflüsse auf die Kunstausübung oder deren ebensolche Vereinnahmungen, beabsichtigte jedoch generell, eine an außerkünstlerischen Aspekten und eine umsatzorientiert ausgerichtete Kunst um ihrer Essenz willen zu vermeiden; allein das Wesen der Schönheit und die Reinheit der Ästhetik sollte Antrieb und Zweck der Kunst sein und diese zu keinem Zugeständnis oder Kompromiss außerhalb ihrerselbst nötigen.[46]

Zu den Denkern jener Strömung gehörten Benjamin Constant, der 1804 bezugnehmend auf Schelling und Kant erstmalig den Ausdruck *l'art pour l'art* notierte,[47] Victor Cousin, der 1818 vortrug: „die Kunst ist kein Mittel, sie ist ihr eigener Zweck"[48] und Théophile Gautier, der, ähnlich wie K. Ph. Moritz,[49] in mehreren Schriften

---

[45] Nietzsche 1956: S. 1004; Nietzsche in: Luckscheiter 2003: S. 27f.

[46] Ripplinger 2009: S. 128

[47] Constant in Luckscheiter 2003: S. 16

[48] ebd. S. 39

[49] Ripplinger 2009

zur heute sogenannten Autonomieästhetik[50] oder Kunst-autonomie[51] Stellung bezog:

L'art pour l'art bedeutet für seine Anhänger, in ihrer Arbeit nur um das Schöne an sich und um nichts anderes bekümmert zu sein.[52]

Zu diesen Denkern gesellten sich, wie so oft, Dichter; darunter der junge Victor Hugo, in dessen Vorwort zu seiner 1829 erschienenen Gedichtsammlung „Les Orientales" zwar *Égalité-* und *Liberté-*Gedanken aufklingen und in dem er proklamiert

Alles gehört der Kunst [...]. Die Kunst kennt kein Laufgeschirr, keine Handschellen, keine Knebel [...],[53]

der jedoch im Laufe seines Lebens bald wechselnde Standpunkte zu künstlerischem sowie politischem Wirken einnimmt.[54] Der jüngere Gautier war ein Enthusiast von Hugos Werken; mehrere von Hugos Dramen waren Vorlagen für Opernsujets, darunter zweimal für Verdi

---

[50] Luckscheiter 2003: S. 9; Ripplinger 2009

[51] Luckscheiter 2003: S. 14; S. 27

[52] Gautier in Luckscheiter 2003: S. 78

[53] Hugo in: Luckscheiter 2003: S. 42

[54] Luckscheiter 2003: S. 89; S. 91

und Ponchielli sowie mitunter für Donizetti und d'Albert.

Außerdem gesellte sich zu der *l'art pour l'art*-Strömung der jüngere, mit Gautier eng befreundete und diesem inhaltlich zugetane Dichter Charles Baudelaire,[55] der der Gruppe der „Parnassiens" zugerechnet wird,[56] und neben eigenen Gedichten sich mit Übersetzungen Edgar Allen Poes vom Englischen ins Französische hervortat. Auch Poe war von der Selbstgenügsamkeit der Kunst, ihrer Autonomie überzeugt; so schreibt Baudelaire, leicht ironisch, über Poe:

> *Poe [...] behauptet nicht gerade, wie gewisse geistverlassene fanatische Anhänger Goethes, und andere marmorkalte und unmenschliche Dichter, alles Schöne sei seinem Wesen nach unnütz; sein Hauptanliegen war jedoch die Widerlegung dessen.[57]*

Und Baudelaire zitiert Poe direkt:

> „*[...] so haben wir auch ein Grundvermögen, um das Schöne wahrzunehmen; es hat seinen eigenen Zweck und seine eigenen Mittel. [...] Daß die Poesie*

---

[55] Luckscheiter 2003: S. 21

[56] ebd. S. 22

[57] Baudelaire 1983: S. 275

folglich und in der Folge auch nützlich ist, darüber besteht kein Zweifel, doch dies ist nicht ihr Zweck; das ist die <u>Dreingabe</u>"[58] *[Hervorhebung im Originaltext]*

In England lebte neben Poe auch Oscar Wilde in der Überzeugung von der Autonomie der Kunst und stellte seinem Roman „Das Bildnis des Dorian Gray" ein Vorwort voran, in dem er mitteilte:

Die sind die Auserwählten, denen schöne Dinge einzig Schönheit bedeuten. […]
Wir können einem Menschen verzeihen, daß er etwas Nützliches gemacht hat, solange er es nicht bewundert. Die einzige Entschuldigung dafür, daß einer etwas Nutzloses gemacht hat, ist, daß man es sehr bewundert.
Alle Kunst ist völlig nutzlos.[59]

Ende des 19. Jahrhunderts blieb diese Kunstauffassung trotz viel Kritik – beispielsweise seitens Friedrich Nietzsche[60] – nach wie vor erhalten und kehrte nach Deutschland zurück. Stefan George, der Baudelaires Texte übersetzte und Dichter der „Parnassiens" in Paris kennenge-

---

[58] Poe in Baudelaire 1983: S. 276

[59] Wilde 2017: S. 5-6

[60] Nietzsche 1956: S. 671; S. 721; S. 1004;
Nietzsche in: Luckscheiter 2003: S. 27f.

lernt hatte, gründete 1892 die „Blätter für die Kunst"[61] und postulierte darin in seiner ihm eigenen Orthographie:

> *Der name dieser veröffentlichung sagt schon zum teil was sie soll: der kunst [...] dienen, alles staatliche und gesellschaftliche ausscheidend. Sie will GEISTIGE KUNST [...] – eine kunst für die kunst [...]. Sie kann sich auch nicht beschäftigen mit den weltverbesserungen und allbeglückungsträumen [...].*[62]

An der Schwelle zum 20. Jahrhundert griff der junge Rainer Maria Rilke den *l'art pour l'art*-Gedanken in seinem Vortrag über „Moderne Lyrik" auf, in dem er seine Auffassung der Kunst folgendermaßen verteidigte:

> *Und so ist sie gerade dann am wenigsten – Kunst, wenn man beginnt, sie wieder berechtigt und – sagen wir's nur frei – nützlich zu finden.*[63]

Theodor Adorno befasste sich während und nach dem Ende des Zweiten Weltkriegs auch mit der Frage der Autonomieästhetik und erkennt einen „Doppelcharakter der Kunst: der von Autonomie und *fait social*"[64]. Mit dieser

---

[61] Luckscheiter 2003: S. 25

[62] George in: Luckscheiter 2003: S. 25-26

[63] Rilke 1965: S. 363

[64] Adorno 1996: S. 340

Dialektik wird die Auffassung der Kunstautonomie zwar anerkannt, ihr Absolutheitsanspruch jedoch aufgehoben, weil die Kunst innerhalb ihrer sie umgebenden Zusammenhänge (*fait social*) eingeordnet gesehen wird. Laut Adorno negiere jede der beiden dialektischen Optionen im Verhältnis zur anderen sich selbst: „engagierte Kunst, weil sie als Kunst notwendig von der Realität abgesetzt, die Differenz zu dieser durchstreicht; die des *l'art pour l'art*, weil sie durch ihre Verabsolutierung auch jene unauslöschliche Beziehung mit der Realität leugnet"[65].

Mit Aufgabe des über viele Jahrhunderte von unterschiedlichen Dichtern und Denkern – von Karl Philipp Moritz 1785 bis Rainer Maria Rilke zu Beginn des 20. Jahrhunderts – gehegten Kunstautonomieanspruchs räumt Adorno die von den meisten hier vorausgegangenen Autoren gesehene und aus ihrer Sicht zu vermeidende Gefahr nicht bloß der moralischen Vereinnahmung, sondern der Standardisierung der Kunst zugunsten der von ihm sogenannten „Kulturindustrie"[66] ein, mit der, laut Adorno, eine Verflachung der Kultur und Kunst als Ware einhergehe und mit der ihr Wert von der Ästhetik auf die Ökonomie verlagert werde.[67]

---

[65] Adorno 1990: S. 410

[66] Horkheimer/Adorno 2015 ; Luckscheiter 2003: S. 10; Heinrichs/Klein 2001: S. 192 f.

[67] Horkheimer/Adorno 2015: S. 9-10; S. 12-15

Lüddemann spricht von einem „sich den Mechanismen von Kunstmarkt […] und damit der Berechenbarkeit verweigernden Künstler" und sagt, die „externen Bedingtheiten kollidieren unmittelbar mit der für das Bild des Künstlers leitenden Vorstellung der Autonomie"[68]. Gleichwohl gesteht er dem Künstler, wie am Ende des Kapitels 1.4.1 zu sehen sein wird, „eine andere Spielart der Autonomie" zu, indem dieser „selbstermächtigend" in die „externen Bedingungen" eingreift.[69]

1.3.1 Wie bedingen sich Kunst und Management?

Die hier in grober historischer Abfolge und in geraffter inhaltlicher Darstellung gesammelten und genannten Aspekte der nur sich selbst und allenfalls den rezipierenden Menschen dienenden Kunst scheinen eines vorwiegend anzunehmen: Es scheint das Eine das Andere auszuschließen, auch wenn das Eine mit dem Anderen verbunden, also von ihm abhängig sein mag: Wo nämlich die Kunst sich selbst dienen möchte oder sollte, braucht sie zu ihrer Gedeihlichkeit, Sichtbarkeit und Rezeption eine ihr dienliche Gegenseite, eine sie (re-)präsentierende Organisation, ein ihr dienliches Management; dieses wiederum bräuchte in seiner Zweckerfüllung zur idealen Wahrnehmung der Kunst ein dieser gemäßes Sachverständnis, idealerweise ein Kunstverständnis.

---

[68] Lewinski-Reuter/Lüddemann 2011: S. 205 f.

[69] ebd.

24

So stellt Bendixen fest:

Wo [...] in größerem Umfang materielle Ressourcen, also Finanzkräfte, Arbeitskräfte, Maschinen und zu entgeltende geistige Potentiale, namentlich Künstler [...] einzusetzen und zu lenken sind, haben wir es -wohl unbestritten- mit einem Metier zu tun, das Managementfähigkeiten verlangt. [70]

Die Frage wäre hier also, inwieweit die Kunst (in unserem Falle der Bereich der Klassischen Musik) zu ihrer Verbreitung und ihrem Dienst für die Menschen die Hilfe, wenn nicht gar die strukturelle Gleichstellung des Managements braucht und letzteres wiederum zur besten Sachdienlichkeit eine gewisse künstlerische Sachkenntnis.

Dies bestätigt Höhne folgendermaßen:

Ungeachtet der Notwendigkeit ökonomischer Bewertung von Kunst-/Kulturgütern und -ereignissen erfordern die Bedingungen des [...] Kulturmanagements vorrangig die Befähigung zum kompetenten Kunsturteil. [71]

---

[70] Bendixen in: Hoppe/Heinze 2016: S. 36

[71] Höhne 2009: S. 10

Heinrichs/Klein sehen, dass Kulturmanagement sich durch „außergewöhnliche Komplexität", einen „interdisziplinären Ansatz" und „querschnittorientiert"[72] definiert.

1.4 Kultur und Management

Am Anfang des 21. Jahrhunderts finden wir -gleichwohl in Romanform und hier in überspitzer Weise- in Bodo Kirchhoffs Werk „Erinnerungen an meinen Porsche", in dem eine Investmentbank beschrieben wird, die – bezüglich Kapitel 1.3 pointierende – Darstellung, dass deren Kulturstiftung von den Bankern als „Kosmetikabteilung" bezeichnet wird, während hingegen die bankeigene Kulturstiftung die Investmentabteilung als „Schweineabteilung" tituliert.[73]

Bezugnehmend auf diese Thematik und Fragestellung, die in Kirchhoffs Roman polemisch zugespitzt erscheint, sprechen die Autoren Hoppe/Heinze von einem „Spannungsfeld"[74] und fragen:

Ist das Verhältnis von wirtschaftlichem Denken und kulturellen Sphären damit adäquat beschrieben und der zumindest scheinbar bestehende Widerspruch

---

[72] Heinrichs/Klein 2001: S. 194

[73] Kirchhoff 2009: S. 28-30

[74] Hoppe/Heinze 2016: S. 13; S. 31
    vgl. Wolfram in: Henze 2013: S. 243; S. 245

*zwischen Geld und Geist tatsächlich unüberbrück-
bar?*[75]

Die Autoren führen fort:

*Kulturbetriebe leben als künstlerische und wirt-
schaftliche Einrichtungen in einem ständigen Zielkonflikt [„Spannungsfeld", Anm. JGB] zwischen
Kunst und Geld. Als Spielstätte der Kunst und Pro-
duktionsstätte für Kunst sind z. B. die Theater Wirtschaftsunternehmen, die Kunst produzieren. Der
Zielkonflikt bezieht sich auf die Überschneidung
zweier Wertesysteme, des ökonomischen und des
künstlerischen [...].*[76]

Eine Aussage, die auch Höhne nahezu wortgleich bestätigt:

*Kulturmanagement ist somit [...] durch die Über-
schneidung zweier Handlungsmodelle und Wertesysteme, einem ökonomischen und einem künstlerisch-
ästhetischen bzw. bildungspolitischen geprägt, wor-
aus sich ein grundlegender Zielkonflikt ergibt.*[77]

---

[75] Hoppe/Heinze 2016: S. 31

[76] ebd.

[77] Höhne 2009: S. 10

27

Schreyögg präzisiert in diesem Sinne den Begriff und die Notwendigkeit von Kulturmanagement im Kontext von Kunstschaffenden:

Kulturmanagement ist ein Komplex von Steuerungsaufgaben, die bei der Leistungserstellung und -sicherung in Kulturorganisationen erbracht werden müssen. Diese Aufgaben stellen sich ihrer Natur nach als immer wiederkehrende Probleme dar, die im Prinzip in jeder Leitungsposition zu lösen sind und zwar unabhängig davon [...], auf welcher Hierarchieebene [...].[78]

Hoppe/Heinze fassen den Weg „von der Hilfsfunktion des Kulturmanagements zur Kernaufgabe"[79] so zusammen,

[...] dass das Kulturmanagement eine Hilfsfunktion habe, die es den kulturellen Institutionen und Projekten ermögliche, ihre eigentliche Mission besser und wirtschaftlicher zu erfüllen [...].
Das Kulturmanagement ist in dieser Vorstellung ein Handlungsfeld, das für die kulturellen Institutionen und Projekte zu ihren sonstigen Aktivitäten und Ver-

---

[78] Schreyögg in: Hoppe /Heinze 2016: S. 37

[79] Hoppe/Heinze 2016: S. 65

pflichtungen hinzukommt und damit eine zusätzliche Herausforderung darstellt [...].
Kulturmanagement hat damit nicht mehr nur eine Hilfsfunktion, die zusätzlich bewältigt werden muss, um beispielsweise die erforderlichen finanziellen Ressourcen sicherzustellen. Kulturmanagement ist dann vielmehr ein integraler Bestandteil aller Aspekte der kulturellen Arbeit [...].[80]

Heinrichs stellt bezüglich der von Hoppe/Heinze beschriebenen „Kernaufgabe"[73] eine essenzielle Frage und macht diese damit gleichzeitig zweidimensional und dialektisch:

Was kann die Managementlehre für die Kultur leisten oder – umgekehrt – welche Vorteile ergeben sich für die Kultur, wenn sie sich der Methoden und Techniken der Managementlehre bedient?[81]

Heinrichs sieht, ähnlich wie Hoppe/Heinze, Schnittstellen zwischen beiden Bereichen, die sich gegenseitig bedingen, und führt fort: „Weder ist Management ausschließlich ein seelenloses Gewinnstreben, noch bewegt sich die Tätigkeit des Künstlers, ausnahmslos in einer

---

[80] Hoppe/Heinze 2016: S. 65-66

[81] Heinrichs 1999: S. 13

von zielgerichteten Interessen freien Idylle"[82]. Dennoch sieht Heinrichs die Managementrolle eindeutig als dienende Funktion im Verhältnis zur Kunst: „Kulturmanagement will Kultur ermöglichen, d.h., es dient der Kultur, ohne aber die Kunst bzw. Kultur selbst zu schaffen"[83]. Die Verwaltung, das Management, bedarf daher, wie oben erwähnt, intensiver, kunstbezogener Sachkenntnis, denn „Kulturmanagement schafft Kunst und Kultur nicht selbst, sondern ermöglicht sie"[84]:

Kulturmanagement stellt nur Steuerungshandlungen bereit; es will den Künsten kein Konkurrent sein. Das entbindet sie freilich nicht von der Notwendigkeit, sich mit den Inhalten und den Wirkungen von Kultur intensiv auseinander zu setzen.[85]

Auch Höhne betont, dass „immer das Spannungsverhältnis zum Eigenleben und Selbstverständnis der Kunst und Kultur vorausgesetzt werden muss"[86].

Äußerungen hingegen aus umgekehrter Sicht von Kunstschaffenden in Bezug auf den Stellenwert und die Wertigkeit von Kunstmanagement sind selten zu finden. Wie

---

[82] Heinrichs 1999: S. 13

[83] ebd. S. 21

[84] Heinrichs/Klein 2001: S. 193

[85] Heinrichs 1999: S. 21

[86] Höhne 2009: S. 18

im folgenden Kapitel 1.4.1 erkennbar wird, sind Stellungnahmen dieser Art jedoch vielmehr empirisch, durch das eingesetzte individuelle Handeln ablesbar.

1.4.1 Historische Beispiele künstlerisch-managerialer Doppelbegabungen

Die engste Verbindung zwischen Kunst und deren Management ist explizit dort zu finden, wo Künstler gleichzeitig auch Manager sind. Laut Heinrichs befindet sich Kulturmanagement zwar „vorwiegend außerhalb der unmittelbaren Kunstproduktion"[87], sei aber „dennoch eindeutig ausgerichtet auf das künstlerische Tun"[88] und resümiert: „Folglich ist ein enger Kontakt zwischen Kulturmanagement und Künstlern unverzichtbar"[89]. Heinrichs benennt konkrete, historische Beispiele von Künstlern, die keine Berührungsangst empfanden und stattdessen den kunst- oder kulturverwalterischen Aspekt in ihre Arbeit integrierten und somit erfolgreich ihre eigenen Manager waren:[90]

- William Shakespeare schrieb Werke für ein Theater, an dem er als Aktionär ein Teileigentum besaß und dadurch an den Theatererfolgen mitverdiente.

---

[87] Heinrichs 1999. S. 32

[88] ebd.

[89] ebd.

[90] ebd. S. 34f.

- Peter Paul Rubens stellte seinem herausragenden künstlerischen Talent ebenso erfolgreiche organisatorische Fähigkeiten zur Seite, sodass Heinrichs konstatiert: „Aus heutiger Sicht müssen wir Rubens als einen hervorragenden Manager bezeichnen [...]"[91]
- Voltaire war neben seiner schriftstellerischen Tätigkeit ebenso in eigener Sache im Verlagsgeschäft tätig.
- Goethe wird in einem Brief an Friedrich Schiller vom 28. April 1798 zitiert: „... was dem Buchhändler nutzt, nutzt auch in jedem Sinne dem Autor: wer gut bezahlt wird, wird viel gelesen, und das sind zwey löbliche Aussichten"[92]. Darüberhinaus widmet Fischer-Dieskau Goethes bereits erwähnter jahrzehntelanger Intendantentätigkeit in Weimar ein ganzes Buch.[93]
- Ebenso erwähnt werden die Komponisten Leopold Mozart, der wie ein heutiger Konzertagent künstlerisch wie finanziell seinen Sohn Wolfgang Amadeus protegierte und vermarktete sowie Richard Wagner, der neben seiner kompositorischen Tätigkeit ebenso ein Theatermanager in Bayreuth war.

Weitere und hier mitunter bereits bekannte Persönlichkeiten, die mit aus ihrer damaligen Zeit geborenem großem Idealismus der Kunstautonomie anhingen und diese

---

[91] Heinrichs 1999: S. 34f.

[92] Goethe in: Heinrichs 1999; S. 35 (zitiert nach Kuhn 1980: S. 55)

[93] Fischer-Dieskau 2006

schriftgewandt vertraten, jedoch ihr Schaffen auch mit organisatorischem Geschick und managerialem Denken zu verbinden wussten und dieser Liste hinzugefügt werden können, sind Karl Philipp Moritz, Theophile Gautier sowie Victor Hugo.

Stefan Ripplinger behauptet, dass Moritz' Idee der absoluten Eigenständigkeit, Unabhängigkeit und Selbstgenügsamkeit der Kunst, deren einziger Zweck die Schönheit an sich sei, gemessen an allen vorherigen Epochen der Antike, des Mittelalters und der Renaissance in dieser Form und Ausprägung eine Novität sei und benennt Moritz als Urheber und Initiator dieser Autonomieästhetik.[94] Gleichzeitig führt er jedoch aus, dass Moritz „keineswegs die Kunst schuf, die er propagierte"[95], denn Moritz' kreatives und mannigfaltiges Œuvre und Schaffen führe über Zeitungsherausgebertum und Journalismus, Verfassen von Ratgebern, Reiseführern, Grammatiken, Wörter- und Kinderbüchern zu Romanen und Übersetzungen; „fast alles, was er hervorbrachte, war nützlich, […] abhängig, nichts steht für sich. […] Ein zutiefst Abhängiger fordert die unabhängige Kunst"[96]. Ripplinger legt nahe, dass Moritz' Abhängigkeit, sich mit äußerst vielfältigem, zweckgebundenem und kommerziellem

---

[94] Ripplinger 2009: S. 128

[95] ebd. S. 129

[96] ebd.

schriftstellerischem Schaffen ein Auskommen zu sichern, nicht nur den Wunsch nach künstlerischer Unabhängigkeit genährt habe, sondern die Entwicklung der Idee einer Autonomieästhetik befördert habe.[97] Ohngeachtet dessen ist jedoch erkennbar, dass Moritz, der mit Goethe und Herder verkehrte und offenkundig von hohen, idealistischen Ideen getragen war, andererseits ein großes, pragmatisches Geschick darin hatte, sich zweckdienlich und vorteilsbringend – und oft marktorientiert sowie extrinsischen Interessen folgend – zu betätigen.

Gautier zeigte ebenfalls neben der idealistischen Auffassung der *l'art pour l'art* als Autor eine sehr marktwirtschaftliche Seite:

> *Ein Roman hat zweierlei Nutzen – einen materiellen und einen geistigen [...]. – Der materielle Nutzen, das sind zunächst einmal die mehreren Tausend Francs, die in die Tasche des Autoren wandern [...]*[98]

Und weiter schließt Gautier in diesem Zusammenhang und in exakt diesem Sinne sogar die gesamte, mitbetroffene Wertschöpfungskette vom Buchhändler, über den Papierhändler und den Drucker bis zur Leihbibliothek

---

[97] Ripplinger 2009: S. 130

[98] Gautier in: Luckscheiter 2003: S. 54

mit ein.[99] Auch hier zeigt sich eine sehr pragmatische, die realen Umstände und Zusammenhänge einbeziehende Sichtweise.

Victor Hugo verließ bald das Prinzip der *l'art pour l'art* und wandte sich der Politik zu,[100] musste deswegen später ins Exil und schrieb von dort satirische Texte gegen den französischen Machthaber Napoleon III und Gedichtsammlungen mit politischer Ausrichtung.[101] Seine organisatorische Fähigkeit lag unter anderem in seinem erfolgreichen und nachhaltigen Einsatz für das internationale Urheberrecht, das seine Werke und die seiner Kollegen auch im Ausland schützte und 1886 als völkerrechtlicher Vertrag in der „Berner Übereinkunft zum Schutze von Werken der Literatur und Kunst" verabschiedet wurde (mittlerweile Teil der „World Intellectual Property Organisation").[102] Dennoch ist Hugos idealistischer Ansatz auch in einer Äußerung zu diesem wirtschaftlichen Thema erkennbar:

---

[99] Gautier in: Luckscheiter 2003: S. 54-55

[100] Luckscheiter 2003: S. 91; Biermann 1998

[101] Biermann 1998

[102] https://www.wipo.int/treaties/en/ip/berne/ abgerufen s.u.

https://www.deutschlandfunk.de/die-geburtsstunde-des-urheberrechts-100.html abgerufen s.u.

https://rsw.beck.de/aktuell/daily/meldung/detail/eugh-c227-23-eames-chair-urheberrecht-geschichte-berner-uebereinkunft abgerufen: 10.09.2024

Das Buch als Buch gehört dem Autor, aber als Ge-
danke gehört es – der Begriff ist keineswegs zu
mächtig – der Menschheit. Jeder denkende Mensch
hat ein Recht darauf. Wenn eines der beiden Rechte,
das des Autors oder das des menschlichen Geistes,
geopfert werden sollte, dann wäre es, zweifellos, das
Recht des Autors, denn unsere einzige Sorge gilt dem
öffentlichen Interesse, und die Allgemeinheit, das
erkläre ich, kommt vor uns.[103]

Auch Richard Strauss, aus dessen umfangreicherem Œuvre seine Tondichtungen und Opern herausragen, folgte
diesem wirtschaftlichen Ansatz und gründete 1898 die
„Genossenschaft deutscher Tonsetzer", um die finanzielle Verwertung der Autorenrechte zu sichern; er schreibt
seinem Verleger Eugen Spitzweg lapidar, dass es ihm
„absolut unmöglich" sei,

das Aufführungsrecht meiner Werke künftig dem Ver-
leger zu übergeben. [...]
Verlagsrechte dem Verleger.
Urheberechte dem Urheber.
Anderen Modus gibt's künftig nicht.[104]

---

[103] https://www.deutschlandfunk.de/die-geburtsstunde-des-
urheberrechts-100.html abgerufen: 10.09.2024; Biermann 1998

[104] Deppisch 1968: S. 77

Strauss wird 1901 als Komponist und Dirigent (damals Dirigent des Berliner Tonkünstlerorchesters, mit dem er auch auf Europa-Tournee ging[105]) Vorsitzender des Allgemeinen Deutschen Musikvereins (ADM). Strauss' künstlerisches Schaffen dürfe dabei jedoch nicht zu kurz kommen, schreibt Walter Deppisch und betont: „Immerhin bleibt Strauss sein ganzes Leben lang die Führungskraft in organisatorischen Berufsfragen"; er nennt ihn „einen kühlen Geschäftsmann" und fügt hinzu: „Das kommt oft genug auch seinen künstlerischen Interesse zugute"[106].

Als weiterer, auf mehreren Ebenen tätiger Künstler am Beginn des 20. Jahrhunderts darf der Dirigent Fritz Busch genannt werden, der als Generalmusikdirektor der Dresdner Semperoper und der Staatskapelle Dresden auch dortiger Operndirektor und somit auch organisatorischer und künstlerischer Leiter des Opernbetriebes war.[107]

Wo Reither von „Selbstmanagement" und einer „Konditionierung der eigenen Person"[108] spricht, zieht Heinrichs aus seinen genannten künstlerisch-managerialen Doppel-

---

[105] Deppisch 1968: S. 78

[106] ebd.

[107] F. Busch 2001; G. Busch 1985

[108] Reither in: Lewinski-Reuter/Lüddemann 2011: S. 329; S. 331

begabungen den Schluss: „sie alle belegen, dass Kunst und Kommerz sich über die Jahrhunderte hinweg keineswegs ausschlossen und dass das künstlerische Tun sehr häufig von Management begleitet war"[109] und resümiert: „Dennoch bleibt die entscheidende Feststellung, dass eine Managementfunktion – auch wenn ein Künstler sie wahrnimmt – deutlich von einer künstlerischen Funktion zu unterscheiden ist"[110]. Henze stellt dagegen offen die Frage, „ob Künstler nicht eigentlich ihre besseren Manager sind"[111] und Lüddemann sieht im bewussten Eingreifen des Künstlers in das jeweilige „Marktgeschehen" oder gar dessen Übernahme in seine „eigene Regie"„eine andere Spielart der Autonomie", die er als „eine Selbstermächtigung des Künstlers"[112] bezeichnet.

Wie in der obigen Auflistung von Shakespeare bis Fritz Busch zu sehen war, liegen die beiden fragwürdigen Bereiche Kunst und Management in manchen Fällen näher beieinander als selbst bei den radikalsten Vertretern der Autonomieästhetik zu vermuten war. Dennoch scheint es an den jeweiligen Persönlichkeiten, ihrer Dispositionen und Begabungen zu liegen, das Künstlerische auch mit

---

[109] Heinrichs 1999: S. 35

[110] ebd. S. 194

[111] Henze 2013: S. 14

[112] Lewinski-Reuter/Lüddemann 2011: S. 206

dem Geschäftlichen verbinden zu können, sodass das letztere dem ersten dient.

1.4.2 Interdependenz von Kunst und Management

Hhinsichtlich der grundsätzlichen Beziehung zwischen Kunst und Management, also zwischen künstlerischer Selbstverwirklichung auf der einen und marktorientierter Gewinnerzielung auf der anderen Seite äußert Henze:

> *[...] in kaum einem Bereich dürften die Abhängigkeiten so groß sein und in kaum einem Metier sollte doch das gemeinsame Interesse an den schönen Künsten beide Seiten einen.*[113]

Wenn Kunst also doch auch an die „Notdurft der Materie" (Schiller)[114], an eine „Hilfsfunktion" des Managements (Hoppe/Heinze)[115] gebunden oder nicht gänzlich frei von ihr ist, weil sie „wesentlich für den Menschen gemacht" ist (Hegel)[116] und das Management eine

---

[113] Henze 2013: S. 10

[114] Schiller 1965: S. 6

[115] Hoppe/Heinze 2016: S. 65

[116] Hegel 1971: S. 69

„Kernaufgabe" (Hoppe/Heinze)[117] im „dienenden" Sinne (Heinrichs)[118] für die Kunst hat, weil es „ein integraler Bestandteil aller Aspekte der kulturellen Arbeit" ist (Hoppe/Heinze)[119] und weil ein „gemeinsames Interesse an den schönen Künsten beide Seiten eint" (Henze),[120] so sei also hier die Untersuchung der Interdependenz von Kunst und Management anhand der Person gewagt, der so oft beide Verantwortungsbereiche in unterschiedlichen Anteilen und Ausprägungen, manchmal gar in gleichem Maße zufallen: dem Dirigenten in leitender Position.

Dennoch soll auch hinsichtlich der genannten Nachfrage der Thematik der hier folgenden Inhalte gesagt sein, dass diese Doppelrolle des Dirigenten mitunter exemplarisch für andere, vergleichbare Rollen in den beiden Bereichen des Kunst- und managerialen Schaffens gelten kann.

---

[117] Hoppe/Heinze 2016: S. 65

[118] Heinrichs 1999: S. 21; S: 194

[119] Hoppe/Heinze 2016: S. 66

[120] Henze 2013: S. 10

1.5 Die Doppelrolle des Dirigenten

Was macht nun die Rolle eines Dirigenten in leitender Funktion im zwischen Künstler und Manager für die Erörterung der Frage der Vereinbarkeit von Kunst und Management konkret so interessant?

Ein Dirigent eines Ensembles (Orchester, Chor o.ä.) ist als dessen künstlerischer Leiter eine Führungspersönlichkeit[121], die andere Menschen in der Ausübung ihrer Arbeit anleitet. Er kann sich ausschließlich auf seine künstlerische Arbeit beziehen und beschränken oder sich außerdem im institutionellen Bereich –z.B. als Generalmusikdirektor– in leitender Position oder gar als Leiter einer Organisation verantworten und damit administrative Leitungsaufgaben übernehmen, womit er sich im Spannungsfeld zwischen Künstler und Organisator, sozusagen zwischen Inspirieren und Organisieren befände. Das Spannungsfeld beschreibt einen gewissen Kontrast zwischen einerseits künstlerisch-schöpferischer Arbeit als Musiker und andererseits organisatorisch-administrativer Arbeit als Manager[122]. Wenn der Manageranteil für die künstlerische Führungspersönlichkeit einen hohen Verantwortungsgrad hat, kann man von einer Doppelrol-

---

[121] vgl. Kunz 2020: S. 15; Brezinka 2005 : S. 23; Frantz/Sievertsen 2007: S. 4 und 17 ff.; Peter Jonas in: Schreiber 2005: S. 9, Jungheinrich 1986: S. 255 f.

[122] Wolfram in: Henze 2013: S. 243

le sprechen. Diese soll im Folgenden praxisbezogen betrachtet und in ihren Anforderungen und ihrer Komplexität untersucht werden. Außerdem soll die Frage erörtert werden, ob die beschriebene Doppelfunktion –und damit eine Kulturmanagement. Qualifikation – für den Dirigentenberuf förderlich wäre.

1.6 Persönliche Beweggründe und Motivation zur Themenwahl

Der Autor dieses Buches ist international als Dirigent im Opern- und Konzertbereich tätig und stand innerhalb seiner Laufbahn früh auch vor den Anforderungen und Herausforderungen der organisatorischen, ja, administrativen Aspekte der Arbeit. Neben künstlerischer Qualifikation kam es auch auf Fähigkeiten der Personalführung, der Verhandlungsführung, der logistischen Planung, der Budgetierung, des Marketings, Brandings und Fundraisings als auch der Publikumsgewinnung sowie, in einigen Fällen, des Change Managements an. Diese Bereiche und Qualifikationen konnten in einem Kultur- und Medienmanagement-Studium vertieft werden. Die gewonnenen Kenntnisse stärken die Zuständigkeiten in den Managementbereichen und können damit die künstlerischen Resultate absichern. Obgleich das künstlerische Wirken als Dirigent nach wie vor im Zentrum der Arbeit des Autors steht, ist deutlich, dass mit zunehmenden Verantwortlichkeiten in Doppelrollen –

Chefdirigent/Intendant oder als Generalmusikdirektor eines Mehrspartentheaters– Fachkenntnisse in den genannten Kulturmanagement-Bereichen von großer Hilfe sind.

Allerdings war in den Recherchen thematisch wenig zu Untersuchungen der Verbindung zwischen künstlerischer und administrativer Arbeit im musikalischen Bereich zu finden; Henze stellt grundsätzlich fest, dass man sich im deutschsprachigen Raum „erstaunlich wenig mit der Beziehung von Künstlern und Kulturmanagern befasst" hat.[123] Obschon dem Autor bekannte Persönlichkeiten als Generalmusikdirektoren auch zeitgleich als Intendanten tätig waren, haben Aspekte und Anforderungen der Doppelrolle von Künstler und Manager in der Öffentlichkeit, Wissenschaft und Forschung wenig Beachtung gefunden. Somit ist das Anliegen dieses Buches, zur Vertiefung und Untersuchung des Doppelrollenaspektes des Dirigentenberufes beizutragen.

---

[123] Henze 2013: S. 15

1.7 Vorgehensweise

Im Folgenden werden zum genaueren Verständnis zunächst das Berufsbild des Dirigenten und die künstlerischen Führungsaufgaben, danach eine Auswahl von dessen möglichen außerkünstlerischen Zuständigkeits- und Verantwortungsbereichen, die für eine Kulturmanagement-Qualifikation sprechen könnten, betrachtet. Da es sich um eine praxisbezogene Ausarbeitung handelt, werden zudem persönliche, interviewartige Gespräche des Autors mit Dirigentenpersönlichkeiten, die explizit Doppelrollen ausgeführt haben, veranschaulichend hinzugenommen. Sie bieten eine Möglichkeit, die Frage nach Vor-, Nachteil oder Nutzen einer Doppelrolle empirisch zu beleuchten und zu beantworten. Im Fazit soll u.a. ein erweiterter Ausblick auf das Thema dessen Blick- und Betrachtungswinkel öffnen und zu weitergehenden, kontexterweiternden Sichtweisen anregen – ähnlich wie der kulturhistorische und kunstphilosophische Exkurs dieses ersten Kapitels (Kapitel 1.2 und 1.3) den Blick auf die Themenbereiche Kunst/Kultur und Management und deren Berührungsmöglichkeiten und Schnittmengen leiten, vertiefen und schärfen sollte.

2.0 Das Berufsbild des Dirigenten als Führungsperson

Ein Dirigent ist eine Führungskraft, die für das künstlerische Resultat des von ihm geleiteten Ensembles verantwortlich ist. Er führt die Einzelleistungen der Ensemblemitglieder zu einem schlüssigen und dem/der Komponisten/in gemäßen Gesamtergebnis zusammen. Der Dirigent, dem die musikalische Oberleitung des Theaters bzw. der Oper obliegt und der damit alle musikalischen Aktivitäten direkt oder indirekt (z.B. durch andere verpflichtete Dirigenten) leitet und hinsichtlich ihrer Qualität intern überwacht, ist in den meisten Fällen der Generalmusikdirektor, kurz: GMD. In der Funktion des GMDs bündeln sich künstlerische Verantwortung und Führung.[124]

Für das künstlerische Personal hat der GMD eine besondere Verantwortung und Supervisionszuständigkeit. Als musikalischer Oberleiter obliegt ihm die Qualitätssicherung des Orchesters, des Sänger/innen-Ensembles (Solist/innen) und des Chores. Die Größe dieses Gesamtensembles variiert stark und ist abhängig von der Größe des Hauses. Genauer betrachtet besteht die künstlerische Qualitätssicherung als Kernaufgabe des GMDs darin, die Einzel- und Ensembleleistungen des künstlerischen Personals ständig, d.h. in der Proben- und Aufführungsrou-

---

[124] Schmidt 2017: S. 325; S. 144;S. 173 f.

45

tine, zu monitorisieren und in Bezug auf die musikalisch-künstlerisch zu erreichenden Ziele, die vom GMD vorgegeben werden, zu modifizieren oder zu korrigieren. Das bedeutet nicht nur, alle Beiträge des künstlerischen Personals hinsichtlich eines projekt- und aufführungsbezogenen Gesamtergebnisses zu einen (resultatorientiert), sondern insbesondere das vorhandene Potential hinsichtlich einer künstlerischen Qualitätssteigerung sowie eines Qualitätserhalts fortlaufend zu entwickeln (prozessorientiert).

Als GMD oder Chefdirigent repräsentiert der Dirigent auch nach außen die künstlerische Seite der Organisation, der er vorsteht. Die Spielplan- und/bzw. Konzertprogrammplanung ist ein Arbeitsbereich, in dem sich künstlerische und administrative Verantwortung überschneiden, die dem GMD obliegen[125]. Sie beinhalten nicht nur die inhaltliche Abstimmung (Werkauswahl), sondern unter Umständen auch die Buchung von Gastkünstler/innen zu bestimmten Vertragskonditionen.

Im Folgenden werden weitere Zuständigkeitsbereiche eines leitenden Dirigenten aufgezeigt und erörtert, die den musikalisch-schöpferischen Teil seiner Arbeit verlassen und dennoch, zumindest teilweise, in seinen Zuständigkeitsbereich fallen. Es gibt also Schnittstellen zwi-

---

[125] Schmidt 2017: S. 252; Skina 2016: S. 5; S. 10

schen künstlerischen und administrativen Verantwortungsbereichen, also zwischen Kunst und Management, die ein leitender Dirigent in der Regel auszufüllen hat.

Von Matuschka sagt, dass „schon die internen Strukturen eines Theaters ein sinnvolles Kulturmanagement" brauchen und geht davon aus, „dass sich zwischen künstlerisch-kreativem Wollen und pragmatisch-geschäftsmäßiger Vorgabe eine Balance herstellen lässt" mit einem Kulturmanagement, „das sich die Sensibilitäten innerhalb des kleinen Universums ‚Theater' vor Augen führt"[126]. Wolfram spricht von „schwimmenden Grenzen" zwischen Kunst und Kunstverwaltung[127] und räumt ein, dass „in der künstlerischen Praxis schon sehr häufig bestimmten Grundsätzen eines nachhaltigen Kulturmanagements [gefolgt wird], ohne dass sich Künstler dieser Begriffe bedienen würden"[128]. Dies ist in der Tat so, da die außerkünstlerischen, administrativen Arbeitsbereiche eines GMDs in der Regel stillschweigend vorausgesetzt werden.

---

[126] von Matuschka in: Henze 2013: S. 37

[127] Wolfram in: Henze 2013: S. 243

[128] ebd. S. 245 f.

2.1 Außerkünstlerische Zuständigkeits- und Verantwortungsbereiche

Die außerkünstlerischen Tätigkeitsbereiche des GMDs, die – aus heutiger Sicht – in den Kulturmanagementbereich hineinragen, gehören in der Regel zu dessen üblichen Verantwortungsumfang, da ihre Wurzeln in den oben beschriebenen künstlerischen Kernaufgaben liegen. Sie können aber auch über diese Kernaufgaben hinausgehen und somit, als Schnittstellen, andere Fachbereiche einbeziehen.

Je nach Größe der Organisation und des Verwaltungspersonals kann ein GMD mitunter mehr oder weniger Aufgaben dieser Art übernehmen. Skina spricht von den „heterogenen Aufgaben Künstlerischer Direktionen in der Darstellenden Kunst"[129] und meint: „Um diesen Zuständigkeiten gerecht zu werden, bedarf es verschiedener Instrumente eines handlungsorientierten Managements"[130].

In den folgenden Einzelbereichsdarstellungen sollen die aufgabenbereichsbezogenen Handlungsinstrumente nun betrachtet und erörtert werden.

---

[129] Skina 2016: S. 2

[130] ebd. S. 4

2.1.1 Personalführung

Kulturbetriebe wie Theater und Orchester sind personalintensive Betriebe; sie bauen als Dienstleistungsbetriebe auf die menschliche Arbeitsleistung, die auf und hinter der Bühne stattfindet. Personalpflege sollte daher aus Sicht eines GMDs, der an einem Theater oder Opernhaus einem Orchester, einem Chor und einem Gesangsensemble vorsteht, hohe Priorität haben.

Ein Theater ist ein sehr personalintensiver Dienstleistungsbetrieb. Betrachtet man die Kostenstruktur mit ca. 72% Personalkosten, wird sehr bald deutlich, dass die Wertschöpfung in erster Linie durch Menschen geschieht. Das Management dieser kostbaren Ressource sollte im Theater eigentlich höchstes Gewicht haben.[131]

Das Personalwesen ist ein Teilbereich der Betriebswirtschaft. In der Betriebswirtschaftslehre wird das Personalwesen meist als Personalwirtschaft bezeichnet; sie befasst sich mit dem Produktionsfaktor der menschlichen Arbeitsleistung. Da jedoch zwischen dem arbeitstätigen Menschen als Lebewesen und Individuum im Vergleich zu Finanz- und Betriebsmitteln (Finanzwirtschaft, Produktionswirtschaft) oder Wertstoffen und Maschinen

---

[131] Schmidt 2017: S. 277

(Materialwirtschaft) erhebliche, nicht immer oder schwerer berechenbare Unterschiede bestehen, spielen in das Personalwesen nicht allein wirtschaftliche, sondern auch psychologische und soziologische Aspekte mit hinein[132]. Wir können diese mit „Softskills" bezeichnen; es sind Fähigkeiten, die nicht nur in der Wortwahl, sondern, wie Schmid-Egger sagt, auch im Nonverbalen, auf der Beziehungsebene liegen[133]. Wie im folgenden Unterkapitel noch dargelegt wird, sollte im künstlerischen Bereich diesem Aspekt ein hoher Stellenwert eingeräumt werden.

2.1.1.1 Personalentwicklung im künstlerischen Bereich

Das Potential - oder kontextbezogen: das Talent - des künstlerischen Personals ist das Material, aus dem alle Produkte und Resultate der Darstellenden Künste generiert werden. Bei einem nach kompetitiven Qualifikationsmaßstäben ausgerichteten Bewerbungsverfahren angestellten künstlerischen Arbeitnehmenden darf eine Motivation und ein Eigenleistungswunsch vorausgesetzt werden – umso mehr bei Künstler/innen, die ihre Passion und ihr Engagement, die im Normalfall seit der Kindheit bestehen, über viele Jahre entwickelt und sich daraufhin für den Beruf entschieden und in wettbewerbsähnlichen Bewerbungsverfahren

---

132 vgl. Schultz 2010: S. 97

133 Schmid-Egger 2011: S. 97

nicht nur für das Studium, sondern für eine Anstellung (teilweise in mehrstufigen oder wiederholten Verfahren) durchgesetzt haben. Allerdings sind künstlerische Brillanz und herausragende Einzelleistung zwar entscheidend als Auswahlkriterium für eine Anstellung, sie sind jedoch innerhalb einer künstlerischen Produktion an deren Anforderungen (musikalischer/dramatischer Stil, Regie, spezieller Rollentypus bei Darstellenden, Ensemblekontext) unter den Vorgaben der künstlerischen Leitung anzupassen. Andererseits versteht sich gemeinhin das Niveau eines Künstlers nie als in sich abgeschlossen oder fertig (s. auch Kapitel 2.1.5). Produktionsbedingte Kontextanpassung einerseits sowie künstlerische Weiterentwicklung, Wachstum und Entfaltung andererseits sind also die Parameter, mit denen eine künstlerische Leitung im Umgang mit dem künstlerischen Personal befasst ist.

Personalentwicklung im Zusammenhang von Theater und Orchester ist also von integraler Bedeutung und Relevanz für die Sicherstellung künstlerischer Qualität. Sie kann somit als internes Qualitätsmanagement bezeichnet werden[134]. Schmidt spricht auch von Ensemblepflege[135].

Sich musikalisch auszudrücken, also der musikalischen Materie einen emotionalen Gehalt zu verleihen, bedeutet

---

[134] vgl. Schmidt 2017: S. 277 ff.

[135] ebd. S. 279; S. 287

für professionelle Musiker/innen in erhöhtem Maße, eine Balance zu finden zwischen der Anwendung der persönlichen Fachkompetenz (technische Fertigkeiten) und der Passion für die Sache (emotionales Engagement). Die Leidenschaft ist Motivation zugleich und verschmilzt mit dem musikalischen Ausdruck. Musikalische Betätigung als Einzelperson und/oder innerhalb eines Kollektivs und das emotionale Resultat einer musikalischen Aufführung – abgesehen von der erforderlichen technischen Perfektion – bleiben somit immer miteinander verquickt. Sich als Musiker/in musikalisch auszudrücken, bedeutet weiter, einen Gehalt an eigenen Emotionen dem Musziervorgang beizusteuern, sich damit persönlich ein Stück weit emotional zu exponieren und somit auch gegenüber möglicher Kritik verwundbar zu machen. Als Führungskraft muss damit sehr bewusst und behutsam umgegangen werden, indem die persönliche emotionale Exponierung der Musizierenden geschützt und gewürdigt, jedoch durch die nötige Verbalisierung von Kritik und Verbesserungsvorschlägen die Qualitätsanforderungen nicht aus Rücksichtnahme auf Empfindlichkeiten gemindert werden. Die dirigentische Führungskraft, die musikalischen Ausdruck bestmöglich einzeln und kollektiv fördern soll, spricht demnach immer auch den emotionalen Bereich der Musiker/innen an.

Für einen GMD bedeutet Personalentwicklung also, ein sehr subtiles Geflecht von Einzelelementen zu bedienen; sie fordert aufgrund dieser Notwendigkeiten ein ausgeprägtes Fingerspitzengefühl. Hier kommen die psychologischen und soziologischen Aspekte zum Tragen, die in Kapitel 2.1.1 erwähnt wurden[136]. Neben der musikalischen Fachkompetenz als Grundvoraussetzung braucht der GMD ein Instrumentarium an „Softskills." „Führungsinstrumente sind nur ein Hilfsmittel. Um sie nutzbringend einsetzen zu können, muss eine Führungskraft [...] über soziale Kompetenz verfügen"[137]. Die Sozialkompetenz ist hinsichtlich dieser „Softskills" und der nötigen Sensibilität im Umgang mit Menschen, die innerhalb des „Subjektivbereichs" Musik, in dem persönlicher emotionaler Ausdruck, technische Höchstleistung als Einzelleistung und Kohärenz als Gruppe sich gegenseitig bedingen, ein entscheidendes Qualitätsmerkmal einer dirigentischen Führungskraft.

Der Einsatz solcher Instrumente ist zu vergleichen mit der Arbeit eines Dirigenten im Bereich der Orchestermusik: Sowohl die verschiedenen Musiker als auch die einzelnen Instrumente müssen zu einem harmonischen Ganzen zusammengeführt werden.[138]

---

[136] vgl. Schultz 2010: S. 97

[137] Kunz 2020: S. 14 ff.

[138] ebd. S. 15

Es kommt demnach auf den Dirigenten und dessen Abstimmung der einzelnen Elemente und Mittel der Personalführung und -entwicklung an, wie gut diese im Orchester gelingt. Je besser, d.h. diffenzierter, sie praktiziert wird, desto höher, kann man annehmen, ist die Qualität des Ensembles.

Nur in ihrer Ganzheitlichkeit, durch die ausgewogene innere Abstimmung der einzelnen Verhaltensbestandteile kann Führung in dem jeweils spezifischen unternehmenskulturellen Umfeld gut gelingen und zur Zielerreichung beitragen.[139]

Im Musiktheaterbereich ist der wesentliche Unterschied zwischen Orchestermusiker/innen als Kollektiv und Sänger/innen als Solist/innen die musiktheatralisch bedingte, ständig gegebene Exponierung, die über die musikalische Betätigung hinaus auch darstellerische, also schauspielerische, Betätigung erfordert. Opernsänger/innen unterliegen also einer künstlerischen Doppelanforderung. Der weitere Unterschied zu einer Orchestertätigkeit ist der, dass die musikalische Ausübung nicht über ein Instrument – also körpernah, aber immer noch körper-extern – getätigt wird, sondern, dass das musikalische Instrument der Körper selbst ist, nämlich die menschliche Stimme, dem ur-menschlichsten und damit persönlichs-

---

[139] Kunz 2020: S. 17

ten Ausdrucksorgan. Von Matuschka sagt: „Die Theaterarbeit verlangt Sensibilität im Umgang mit dem Menschen […], der im Mittelpunkt steht"[140] und Manfred Spitzer bestätigt: „Auf der Bühne zu stehen und zu singen ist die schwierigste Art, öffentlich zu musizieren […] Man ist nur man selbst"[141].

Die Arbeit des GMDs am musikalischen Ausdruck von Orchester, Solist/innen-Ensemble und Chor ist der Teil, welcher ein Höchstmaß an Einfühlungsvermögen und Sozialkompetenz erfordert, um als Dirigent zum einen die musikalischen Einzelleistungen zu fördern und andererseits diese in die künstlerische Gesamtheit einzugliedern. Kunz rät, als Führungskraft die persönliche Reife auszubauen[142], und statuiert: „Nur wer sich selbst führen kann, kann andere auch gut führen!"[143]; er nennt als Voraussetzung hierfür „hohe Achtsamkeit, innere Stetigkeit und eine bewusste Lebensführung"[144].

---

[140] von Matuschka in: Henze 2013: S. 38

[141] Spitzer 2014: S. 270

[142] Kunz 2020: S. 19; S. 144

[143] ebd. S. 144

[144] ebd. S. 145

Schmid-Egger betont für den Umgang im Personalbereich die nonverbalen Elemente[145] und die Intuition[146].

Gerade für den musikalisch-künstlerischen Bereich, in dem, wie oben dargestellt, ein hohes Maß an Sensibilität und Einfühlungsvermögen geboten sind, ist die persönliche Reife des Dirigenten und der Stellenwert seiner Intuition wesentlich. Und da der Dirigent sich im Arbeitskernbereich, dem musikalischen Prozess, gestisch, also nonverbal, ausdrückt, spielt der Aspekt der Körpersprache, wie ihn Schmid-Egger herausstellt, ebenfalls eine zentrale Rolle.[147]

Gute Führungskräfte sind in der Lage, sich auf unterschiedliche Mitarbeiter, Teams und Situationen intelligent einzustellen. Ihre Führungskompetenz ist das Ergebnis [...] einer persönlichen Reifeentwicklung, einem handlungsleitenden Werteverständnis und einem hohen Maß an Weitsicht, Menschenkenntnis und Durchsetzungsvermögen.[148]

Wie noch in Kapitel 2.1.5 zu sehen sein wird, kann Personalführung und Qualitätsmanagement auch zeitgleich

---

[145] Schmid-Egger 2011: S. 7; S. 15

[146] ebd. S. 18 ff.

[147] ebd. S. 21

[148] Kunz 2020: S. 19

Change Management, also das Kommunizieren, Anleiten, Überbrücken und Implementieren von Veränderungsvorgängen und -prozessen bedeuten.[149]

Was die genannten Autoren hauptsächlich auf den Wirtschaftsbereich beziehen, gilt aufgrund der beschriebenen Eigenheiten des Berufs- und Verantwortungsbereichs und deren künstlerischer und außerkünstlerischer Schnittstellen in erhöhtem Maße für die dirigentische Führungskraft. Swarowsky stellt heraus:

Zu all dem bedarf der Dirigent noch [...] der Persönlichkeit. Die besten Anweisungen, die deutlichsten Zeichen, die klarsten Erkenntnisse werden nur halbe Wirkung tun, wenn nicht das Fluidum der Persönlichkeit ihre Übertragung fördert.[150]

Er statuiert:

„Ein nicht nur [...] erfahrener, sondern auch als Orchestererzieher hervorragender Spitzendirigent muss die Führung des Orchesters ständig übernehmen"[151].

---

[149] Kostka 2017: S. 8; Kostka/Mönch 2008: S. 6

[150] Swarowsky 1979: S. 79

[151] ebd. S. 81

Empirisch gesprochen enthält der derzeitige GMD-Vertrag des Autors in § 5 unter anderem die Verpflichtung zur „Pflege und Weiterentwicklung der künstlerischen Qualität des Orchesters und Ensembles"[152].

James Levine, verstorbener Musikdirektor und Künstlerischer Direktor der Metropolitan Opera New York in den Jahren 1975-2018[153], für den der Autor mehrere Jahre als Assistent in Verbier (Schweiz), München, Boston und New York gearbeitet hat[154], wird für seine Zeit der Leitung der Metropolitan Opera (Met) bescheinigt: „Neben seiner Fürsorge für die Sänger bewirkte er wahre Wunder auch bei dem […] Orchester"[155] und: Das wichtigste, was wir der Amtszeit von James Levine an der Met zu verdanken haben, ist das Spiel des Orchesters: sein allabendliches Niveau, seine stetige und deutliche Verbesserung während der letzten 20 Jahre, seine Spitzenleistungen seltener Klasse"[156].

---

[152] Zitat GMD-Vertrag vom 20.1. 2021 des Autors

[153] Hein/Caskel 2015: S. 256 ff.; https://www.britannica.com/biography/James-Levine; abgerufen: 25.5. 2021

[154] https://de.wikipedia.org/wiki/Jens_Georg_Bachmann; abgerufen: 25.5. 2021

[155] Lebrecht 1991: S. 233

[156] ebd. S 234

Hattinger bescheinigt Levine ein sozialpsychologisch bezogenes „Kohärenzgefühl", das, nach Hattinger, ein „dynamisches und umfassendes Gefühl des Vertrauens und Verstehens" beinhalte.[157] Als weiteres Beispiel für weitreichende Ensemblepflege kann Stefan Soltesz gelten, der von 1997 bis 2013 GMD und Intendant des Aalto Theaters in Essen war; ihm werden „beispielhafte Qualitätsstandards" und eine zu „würdigende Aufbauleistung" zugeschrieben[158], die sich in der Anerkennung des Aalto Theaters und der Essener Philharmoniker als „Opernhaus und Orchester des Jahres 2008" durch die Fachzeitschrift „Opernwelt" widerspiegeln.[159]

Was von außen betrachtet als eine Bestätigung der Anwendung von gelungener Personalentwicklung im Orchester- und Theaterbereich erscheint, geht, wie im folgenden Unterkapitel 2.1.1.2 dargestellt wird, über die künstlerische Kernarbeit hinaus.

---

[157] Hattinger 2013: S. 121

[158] https://www.welt.de/welt_print/article2515936/Buehne-An-der-Mailaender-Scala-wird-wieder-gestreikt-Aalto-Theater-Essen-ist-Opernhaus-des-Jahres-Auszeichnungen-Maria-Cecilia-Barbetta-erhaelt-aspekte-Literaturpreis.html abgerufen: 12.7.2021

[159] https://www.der-theaterverlag.de/opernwelt/archiv/artikel/prinzip-neugier-oder-was-bleibt-von-20072008/ abgerufen: 12.7.2012

2.1.1.2 Personalgespräche und -verhandlungen

Personalentwicklung findet in der Oper und im Orchester hauptsächlich durch die praktische Arbeit in den Proben und weniger bzw. kaum durch Mitarbeitergespräche statt. Kunz stellt als ein wesentliches Führungsinstrument die Steuerung des Informationsflusses heraus[160] und bezeichnet die Führungskraft als „Informationsmanager"[161], betont aber wiederholt die Bedeutung eines wechselseitigen Vertrauensverhältnisses[162] und rät: „Räumen Sie dem Dialog mit Ihren Mitarbeitern eine hohe Priorität ein […]. Führen Sie Gespräche einfühlsam"[163]. Schmidt betont die Wichtigkeit der „internen Kommunikation"[164] und befindet: „Das wichtigste Managementinstrument ist […] das direkte Gespräch"[165]. Auch für Schmid-Egger liegt der Schlüssel zu einer guten Menschenführung vor allem in der richtigen Kommunikation.[166] Wo Kunz betont, „dass der Informationsfluss stets unter dem Vorzeichen von Vertrauen und

---

[160] Kunz 2020: S. 32 ff.

[161] ebd. S. 33

[162] ebd. S. 52, S. 68

[163] ebd.

[164] Schmidt 2017: S. 113 f.; S. 235

[165] ebd. S. 288

[166] Schmid-Egger 2011: S. 5

Glaubwürdigkeit steht"[167], stellt Schmid-Egger heraus, dass „Führungskräfte häufig falsch kommunizieren", indem „durch [...] Gedankenlosigkeit oder schlicht Unwissen über die Befindlichkeiten eines Mitarbeiters" Konflikte entstehen.[168] Er empfiehlt, besonders die Beziehungsebene zu fördern[169] mit dem Hinweis darauf, dass Konflikte „fast nie auf der Sach-, sondern meist auf der Beziehungsebene" entstehen. Dort könnten sie auch wieder gelöst werden.[170]

Personalgespräche mit Orchester-, Chor- oder Solist/-innen-Ensemblemitgliedern sind Teile des Zuständigkeitsbereichs eines GMDs. Dabei geht es um künstlerische Belange wie einzelne Rollen- oder Besetzungsspezifika[171] als u.a. auch (in Absprache mit dem Intendanten, der hierfür im Formaljuristischen zuständig ist) um die Möglichkeiten von Vertragsverlängerungen bzw. -nicht-verlängerungen[172], Vertragsinhalte oder manchenfalls auch Mediation.[173] Neben diesen betriebsinternen Perso-

---

[167] Kunz 2020: S. 36

[168] Schmid-Egger 2011: S. 5

[169] ebd. S. 56

[170] ebd. S. 58

[171] ebd. S. 176

[172] Schmidt: 2017: S. 185; S. 250

[173] ebd. S. 230

nalführungsaufgaben spricht der GMD u.a. auch Einladungen an Gastkünstler/innen im Musiktheater oder Konzertbereich aus und übernimmt ggf. hierfür Vertragsverhandlungen.[174] Für interne wie externe Personalangelegenheiten ist ein gewisses Verhandlungsgeschick erforderlich, das das vom GMD erstrebte künstlerische Resultat im Rahmen des ihm zustehenden Budgets sicherstellt.

Das im Deutschen sogenannte „Harvard-Konzept", entwickelt von Fisher, Ury und Patton[175], schlägt vor, in Verhandlungssituationen das Verhandeln über Positionen (Meinungen und Auffassungen) aufzugeben zugunsten einer interessenbasierten Einigung, in deren Vordergrund der größtmögliche beiderseitige Nutzen stehen soll; durch eine sachbezogene Übereinkunft soll für beide Verhandlungsseiten die Qualität der persönlichen Beziehungen gewahrt bleiben, um so eine Win-Win-Situation herstellen zu können:[176]

Wenn wir Menschen und Probleme getrennt voneinander behandeln, können wir in persönlichen Fragen ‚weich' sein, aber in Sachfragen ‚hart' bleiben. Wenn wir persönlichen Fragen Aufmerksamkeit und

---

[174] Schmidt: 2017: S. 176

[175] Fisher, Ury, Patton 1985/2015

[176] Schmidt: 2017: S. 19

Respekt schenken, können wir eine persönliche Beziehung zu unseren Verhandlungspartnern aufbauen, auch wenn wir uns in inhaltlichen Fragen nicht einig sind.[177]

Fisher, Ury, Patton konstatieren, „dass man umso weniger zu den eigentlichen Problemen vordringt, je mehr man sich auf die Positionen konzentriert"[178] und führen dazu aus:

Das Feilschen um Positionen bringt Regungen hervor, die eine Klärung hinauszögern. [...] Je extremer die anfänglichen Positionen und je kleiner die Zugeständnisse, umso mehr Zeit und Mühe wird es kosten herauszufinden, ob eine Einigung überhaupt möglich ist. [...] Jede Seite versucht, durch bloße Willenskraft die andere zur Änderung ihrer Position zu veranlassen. [...] Das Feilschen um Positionen belastet so die Beziehung zwischen den Parteien.[179]

Schmid-Egger präzisiert:

Hinter jeder Position steht ein Interesse. Nur über die Interessen können Sie Probleme wirklich lösen

---

[177] Fisher, Ury, Patton 1985/2015: S. 21 f.

[178] ebd. S. 32

[179] ebd. S. 33 ff.

[...]. Die Lösung wird immer erst dann kommen, wenn es Ihnen gelingt, von den Positionen zu den wirklichen Interessen ihres Gegenübers vorzudringen[180]

Für Hattinger zählt zu dem genannten „Kohärenzgefühl" eines Dirigenten die Fähigkeit,

1. „über psychologisches und konflikttheoretisches Hintergrundwissen zu verfügen, um Gefühle, Verhalten und Strategien zu verstehen, und zwar jene der anderen wie auch der eigenen",
2. zur „Bewältigbarkeit einer Situation" über [...] „Methodenkompetenz [...] und Kommunikationstechniken" zu verfügen und
3. die „Sinnhaftigkeit und Bedeutsamkeit einer Situation" mittels Glauben an und Einsatz für die Sache zu erfassen.[181]

Jonas benennt das Wesen des dirigentischen Berufsbildes lapidar: „Dirigenten werden Dirigenten durch das Weiterentwickeln und Feinschleifen komplexer Fähigkeiten. Für diese bedarf es einer Vermengung natürlichen Talents [...]"[182]. Dies kann gleichermaßen auf die interakti-

---

[180] Schmid-Egger 2011: S. 80; S. 82 f.

[181] Hattinger 2013: S. 121

[182] Jonas in: Schreiber 2005: S. 9

64

ve als auch introspektive dirigentische Arbeit bezogen werden.

Für eine künstlerische Führungskraft kann hieraus gefolgert werden, dass eine gute Personalführungs-, Gesprächs- und Verhandlungskultur, in der persönliche Reife, Empathie, Würdigung, Wertschätzung und die Begegnung auf Augenhöhe sowie die parteiübergreifenden, gemeinsamen Interessen an vorderster Stelle stehen, zum Gelingen von Personalgesprächen und Verhandlungen jeglicher Art von entscheidender Bedeutung sind. Dies bedeutet, dass außerhalb des dirigentischen Arbeitskernbereichs die Anwendung und Bewältigung komplexer Aufgaben warten kann.

2.1.2 Kostenkalkulation

Die Überwachung und Steuerung von betriebsinternen Kosten, Aufwänden und Ausgaben einerseits und der Beitrag zu Einnahmen, Erträgen und Erlösen andererseits, insbesondere im betriebsexternen Bereich wie Drittmittelbeschaffung, Sponsoring und Fundraising,[183] sind Bereiche, für die ein GMD zunehmend in die Verantwortung genommen wird (s. Kapitel 2.2.2.2). Empirisch gesprochen ist durch eine Präambel im GMD-Vertrag des Autors dieses Buches das Han-

---

[183] Klein: 2005: S. 195 ff.

deln „nach wirtschaftlichen Grundsätzen"[184] verpflichtend; auch ist der Autor in den USA arbeitgeberseits wiederholt zur aktiven Teilnahme an Fundraisingveranstaltungen verpflichtet worden.

Klein spricht von einer „Krise der öffentlichen Kulturfinanzierung"[185] und „angesichts rückläufiger öffentlicher Zuwendungen"[186] von einer „Finanzierungskrise"[187]. Schneidewind sieht „ab den 1990er Jahren" eine „Krise der Kulturbetriebe [...], deren [finanzielle] Spielräume seit Jahren immer enger werden"[188]. Für Dey „erfordert eine wachsende Marktorientierung eine Transparenz auch im monetären Bereich, um die Fortexistenz des [Kultur-] Betriebs abzusichern"; er führt fort: „Die Qualität von Kulturarbeit lässt sich an vielen Kriterien messen. Eines davon kann die wirtschaftliche Seite sein – wozu [...] der sinnvolle und sparsame Umgang mit Ressourcen gehört"[189].

---

[184] GMD-Vertrag vom 20.1. 2021 des Autors

[185] Klein: 2005: S. 208 f.

[186] ebd. S. 195; Klein 2008: S. 28

[187] Klein 2008: S. 16

[188] Schneidewind: 2006: S. 9

[189] Dey 2017: S. 1

In Situationen, in denen geringes Verwaltungspersonal zur Verfügung steht und Kostenbereitstellungen für Kulturbetriebe eingegrenzt oder auch stärker betriebsextern wie -intern kontrolliert werden, in denen somit eine spartenspezifische, sachorientierte Kostenüberwachung für die Realisation eines künstlerischen Projektes bei gleichzeitiger Gewährleistung von betrieblicher Finanzstabilität wesentlich ist, sind betriebswirtschaftliche Kenntnisse eines GMDs von großem, manchmal entscheidendem Vorteil. Sollte einem GMD beispielsweise ein Planungsbudget für den Konzertbereich überantwortet sein, so kommen ihm diese Kenntnisse umsomehr entgegen, je umfänglicher und komplexer dieser Verantwortungsbereich ist.

2.1.2.1 Budgetierung und Kostenrechnung

Je nach Verantwortungsumfang kann ein GMD auch ein Budget verwalten, insbesondere im Konzertbereich, wo es um das Engagement von Gastkünstler/innen (Solist/innen und Gastdirigent/innen) geht. Jedoch können auch Kosten und Aufwände für Orchester-Ausrüstung (Instrumentenbeschaffung) oder Aushilfen zur Orchesterbesetzungsverstärkung (also kein Krankenstandsausgleich) in einem Orchester-Etat eines GMDs verwaltet werden. Hierbei handelt es sich meist nicht um Fixkosten, sondern um Ausgaben, die an spezielle, quasi projektartige Vorhaben gebunden sind.

Ein Projekt, also z.B. ein Konzertprogramm mit Gast-künstler/innen, ein Gala-Abend oder ähnliche Veranstaltungen außerhalb der üblichen Aufführungsroutine, zeichnet sich durch seine Einmaligkeit aus, hat ein klar definiertes Ziel und ist zeitlich begrenzt.[190] Klein führt hierzu weitere Besonderheiten auf: finanzielle, personelle und räumliche Anforderungen, die auch als Ressourcen- bzw. Kapazitätsfragen bezeichnet und finanziell berechnet werden können.[191] Klein spricht in einem Schaubild[192] von einem Spannungsdreieck zwischen

1. Erwartungsdruck (Qualitätserwartung durch Eventcharakter)
2. Zeitdruck (Zeitrahmenbegrenzung durch Eventcharakter)
3. Kostendruck (Budgetkontrolle).

Schultz definiert folgende Aufgaben einer zu erstellenden Kostenrechnung:

- Planung und Steuerung (Lenkung) durch Sammeln von Informationen (z.B. Kosten/Preise, Zeitrahmen u.ä.) für die Unternehmens- bzw Projektleitung,
- Kontrolle durch Ermitteln von Abweichungen von Ist- und Sollgrößen und deren Ursachen,

---

[190] vgl. Klein 2005: S. 10 ff.

[191] Klein 2005: S. 12 f.

[192] ebd. S. 15

- Bereitstellung von Kosteninformationen für die interne Buchführung,
- Dokumentation der angefallenen Kosten und Erlöse zur späteren Analyse und Darlegung.[193]

Kostenrechnungen, die ein Orchesterbudget oder aufgrund ihrer außerroutinemäßigen Singularität den Gesamtorganisations-Etat betreffen, können der außerkünstlerischen Verantwortung des GMDs obliegen.

Grundsätzlich wird in der Betriebswirtschaftslehre unterschieden zwischen einerseits dem externen Rechnungswesen, zu dem die unternehmerische Buchführung und Bilanz, die Gewinn-und-Verlust-Rechnung (GuV) und der Jahresabschluss gehören, zu welchem ein Betrieb laut Handelsgesetzbuch §242 verpflichtet ist,[194] und andererseits zwischen dem internen Rechnungswesen, zu welchem die Kostenrechnung und -kalkulation sowie Planungs- und Kontrollrechnungen gehören.[195]

Das externe Rechnungswesen, das innerbetrieblich üblicherweise von der Buchhaltung wahrgenommen wird, ist vergangenheitsorientiert und an gesetzliche Vorgaben

---

[193] Schultz 2010: S. 57 f.

[194] ebd. S. 54; Heinrichs/Klein 2001: S. 333 f.

[195] Dey 2017: S. 14 ff.; Schultz 2010: S. 57 ff.; Heinrichs/Klein 2001: S. 333

gebunden;[196] es bietet ein finanzielles Gesamt-Abbild eines Betriebes,[197] ist aber deswegen als Orientierung für spezifische, innerbetriebliche und projektgebundene Kostenanalysen und damit oft einhergehenden Entscheidungsprozessen weniger geeignet.[198] Eine Kostenkalkulation oder Budgetberechnung, wie sie ein GMD zu verantworten hätte, befände sich somit innerhalb des internen Rechnungswesens. Das interne Rechnungswesen ist nicht gesetzlich reglementiert und überlässt einem Unternehmen bzw. Betrieb gewisse Freiheiten, welche Elemente der Kalkulation und Kostenrechnung betriebs- bzw. projektbedingt genutzt werden.[199] Schneidewind spricht von einer „Schließung von Informationslücken des externen Rechnungswesens" durch Mittel des internen Rechnungswesens und nennt spezifisch die Kosten-Leistungsrechnung als „wesentlichen Bestandteil" und „Subsystem des internen Rechnungswesens"[200]. Heinrich/Klein bestätigen: „die Kosten- und Leistungsrechnung ist der Kernbereich des internen Rechnungswesens und eines der wichtigsten Hilfsmittel eines professionel-

---

[196] Schultz 2010: S. 57

[197] Dey 2017: S. 14; S. 81

[198] Schultz 2010: S. 57

[199] ebd. S. 57

[200] Schneidewind 2006: S. 101

len Controllings"[201]. Schultz bezeichnet die Kostenrechnung ebenfalls als „wichtigsten Bestandteil" des internen Rechnungswesens[202] und Dey führt hierzu aus:

> *Die Kosten-Leistungsrechnung (meist kurz: Kostenrechnung) stellt eine detaillierte Rechnung zu den einzelnen Leistungen und Bereichen des Betriebs dar.*[203]
>
> *Die Kostenrechnung ist eine datenintensivere Berechnung als die Buchführung, bietet aber dafür [...] mehr Transparenz: je detaillierter das Geschäftsgeschehen aufgezeichnet wird, umso genauere Auswertungen lassen sich erstellen, und umso begründeter können Entscheidungen getroffen werden.*[204]

Neben der genannten Kosten-Leistungsrechnung sind weitere Mittel, um Kostenstabilität zu errechnen, die Deckungsbeitragsrechnung oder die Break-Even-Analyse.[205] „Der Deckungsbeitrag stellt den Anteil dar, den die jeweilige Produktart zur Deckung der bestehenden Fix-

---

[201] Heinrichs/Klein 2001: S. 169

[202] Schultz 2010: S. 57

[203] Dey 2017: S. 15

[204] ebd. S. 81 f.

[205] Heinrichs/Klein 2001: S. 45 ff.

kosten leisten kann"[206]. Fixkosten sind beständig: z.B. Gehälter, Löhne, Langzeitmieten u. ä. Die variablen Kosten sind situationsgebunden und somit veränderlich und anpassbar; sie sind abhängig von der Produktions- bzw. Verbrauchsmenge, also davon, wieviele Produkte hergestellt, wieviel Rohstoffe zur Herstellung verbraucht, wieviel Materialkosten oder betriebsexternes Personal benötigt werden.[207] „Variable Kosten verändern sich mit der Leistungsmenge, fixe Kosten bleiben konstant"[208]. Schneidewind bemerkt zur Deckungsbeitragsrechnung:

In Kulturbetrieben wurde bisher die Verwendung einer Deckungsbeitragsrechnung gegenüber der Vollkostenrechnung favorisiert. Dafür spricht, dass dieses Verfahren einfacher zu handhaben ist, also auch schneller eingeführt werden kann. Von Bedeutung ist außerdem, dass es in Kulturbetrieben derzeit immer um Einsparungen geht und dafür [...] vor allem die variablen Kostenanteile von Interesse sind. Darum ist es legitim, ein Instrument zu nutzen, welches sich gerade auf diese Kostenanteile konzentriert.[209]

---

[206] Schultz 2010: S. 74

[207] ebd. S. 73

[208] Dey 2017: S. 101

[209] Schneidewind: 2006: S. 128

Dey stellt fest: „Die Deckungsbeitragsrechnung ist ein moderner Rechenansatz, der zur Unterstützung von Entscheidungen gut geeignet ist – vor allem in kurzfristiger Sicht"[210]. Auch Schneidewind nennt die Deckungsbeitragsrechnung eine „moderne Form der Kostenrechnung"[211].

In der Break-Even-Analyse wird der Punkt (Gewinnschwelle) errechnet, von dem an der Betrieb in den Gewinnbereich eintritt und das Produkt (z.B. eine Theaterproduktion oder Orchestertournee) seine eigenen variablen sowie fixen Kosten ohne weiteren Zugewinn tragen kann, bzw. wenn die Kosten für die Bereitstellung bzw. Herstellung eines Produktes (z.B. Gala-Abend) sich mit den erzielbaren Erlösen (Ticketverkauf, Fundraising, Sponsoring) decken. Heinrichs/Klein nennen die Break-Even-Analyse ein „Analyseverfahren zur Ermittlung des sog. Deckungsumsatzes, d.h. des Umsatzes, dessen Unterschreiten zu Verlusten und dessen Überschreiten zu Gewinnen führt"[212]. Schultz definiert die Break-Even-Analyse „als Instrument zur Planung und zur Gewinnprognose, aber auch zur Kontrolle und zur Beurteilung von einzelnen Produkten"[213] (z.B. Theaterproduktionen).

---

[210] Dey 2017: S. 102

[211] Schneidewind 2006: S. 192

[212] Heinrichs/Klein 2001: S. 45

[213] Schultz 2010: S. 78

Kalkulation und Kostenrechnung gehören also innerhalb des betrieblichen Rechnungswesens zum internen Rechnungswesen mit, wie oben genannt, der Kosten- und Leistungsrechnung als dessen Hauptbestandteil (mit den Alternativen von Deckungsbeitragsrechnung oder Break-Even-Analyse), mit Hilfe derer Entscheidungen über die Durchführbarkeit eines Projektes oder die Abwägung zwischen verschiedenen Projekt- und Kostenoptionen erleichtert werden soll.

Zu den administrativen, außerkünstlerischen Aufgaben eines GMDs können – abhängig von den jeweiligen innerbetrieblichen Gegebenheiten und Zuständigkeiten – der Beitrag zur Erstellung, die Erstellung selbst oder die Supervision solcher Kostenkalkulationen gehören, die, laut Klein, insbesondere bei externen Geldgebern oder bei sorgfältigem Controlling eine Absicherung der Balance von Kosten und Erlösen sicherstellen sollen und, so Klein, Teil einer „Kosten- Erlösplanung" oder einer „Erlös- bzw. Finanzierungsplanung" wären.[214]

2.1.2.2 Fundraising und Sponsorengewinnung

Zwischen Fundraising (als Mäzenatentum) und Sponsoring (als gewerblicher Förderung mit verbundener Gegenleistung) muss differenziert werden. Klein führt hierzu aus: „Anders als bei der mä-

---

[214] Klein 2005: S. 174; S. 176

zenatischen Spende ist mit dem Sponsoring immer ein ganz klares Marketing- oder Kommunikationsziel seitens des Sponsors, also in der Regel eines Wirtschaftsunternehmens, verbunden" und stellt heraus: „Da Sponsoringmaßnahmen für das Wirtschaftsunternehmen Teil einer mittel- bis langfristigen Marketing- und Kommunikationsstrategie sind, muss das Sponsoring von Seiten des Kulturprojektes strategisch angelegt werden"[215]. Müllerleile präzisiert, dass Mittel beim Fundraising „ohne Gegenleistungen der Mittelempfänger", jedoch beim Sponsoring „mit Gegenleistung der Mittelempfänger" generiert werden.[216] Es darf hieraus grundsätzlich angenommen werden, dass Fundraising tendenziell eine auf private Geldgeber, Sponsoring hingegen eine auf kommerzielle Spender ausgerichtete Mitteleinwerbung ist.

„Fundraising ist die Beschaffung von Mitteln zur Verwirklichung von am Gemeinwohl orientierten Zwecken […]. Aufgabe des Fundraisings ist es, dafür zu sorgen, dass dem guten Zweck öffentliche und private Mittel zufließen"[217]. Schmidt spricht von der „Generierung externer Finanzierungsquellen", zu der Sponsoring wie Fund-

---

[215] Klein 2005: S. 197

[216] Müllerleile in: Lewinski-Reuter/Lüddemann 2011: S. 65

[217] ebd. S. 6

raising gehören[218] und die angesichts „knapper Ressourcen" „neue Finanzquellen" auftun sollen.[219] Klein sagt hierzu: „[…] im Non-Profit- Kulturbetrieb [spielen] außerdem die sogenannten Drittmittel von privater Seite angesichts rückläufiger öffentlicher Zuwendungen eine zunehmend wichtige Rolle"[220]. Hierzu empfiehlt Schmidt „gerade den von finanziellen Engpässen bedrohten kleinen und mittleren Stadttheatern in strukturschwachen Gebieten": „Die Theater müssen darüber nachdenken, was sie den Privaten im Gegenzug anbieten, ohne ihre künstlerische Freiheit einschränken zu müssen. […] Sponsoren […] geht es darum, mit einem Sponsoring eine Botschaft zu platzieren"[221].

Es stellt sich die Frage, ob ein GMD für die Akquise von Drittmitteln zuständig wäre. Als künstlerische Führungsperson würden, wie in Kapitel 2.0 dargestellt, solche Aufgaben nicht zu seinem Kernbereich gehören. Wenn jedoch mit seiner Position ein gewisses „Branding" (s. Kapitel 2.1.3.2) als eine an seine Organisation gebundene öffentlichkeitswirksame Person zusammenhängt, kann der Erfolg von Fundraising und Sponsoreneinwerbung durch seine Mitwirkung erhöht werden. Empirisch

---

[218] Schmidt 2017: S. 12

[219] ebd. S. 34

[220] Klein 2005: S. 19

[221] Schmidt 2017: S. 133

gesprochen hat der Autor dieses Buches in verschiedenen Leitungspositionen immer wieder diese als vom Arbeitgeber verpflichtend angesehene Aufgabe wahrgenommen und damit zum Erfolg der Mitteleinwerbung und Erhöhung des Gesamtetats beigetragen.

Als wesentlichen Punkt der Mitteleinwerbung verweist Müllerleile auf die Beziehungsebene: „Eingeworben werden diese Mittel durch Aufbau von Beziehungen zu Privatpersonen [und] Entscheidern in Firmen [...]. Die Anbahnung solcher Beziehungen erfolgt durch persönliche Gespräche"; Müllerleile führt hierzu aus: „Im Bereich der Kunst ist es meist der persönliche Kontakt zwischen Mäzenen und Künstlern [...], der zum Fundraising-Erfolg führt"[222].

Klein sieht die Notwendigkeit der Steigerung der Eigeneinnahmen und Drittmittel als „eine wichtige Alternative zu einer überwiegend vom Träger getragenen Finanzierung"[223] und betont, dass die Initiative hierzu aus der Leitungsebene kommen sollte:

Die Erschließung neuer Finanzierungsquellen ist eine Aufgabe der Führungsebene, ja: Sie ist Chefsache! Hierzu gehört zunächst eine genaue Kenntnis

---

[222] Müllerleile in: Lewinski-Reuter/Lüddemann 2011: S. 65

[223] Klein 2008: S. 247

des jeweiligen Instrumentes beziehungsweise der zum Einsatz notwendigen Methoden.[224]

Wenn dem GMD Instrumente und Methoden zur Drittmittelerschließung bekannt sind, trägt seine Beteiligung am Fundraising und Sponsoreneinwerben kraft seines Amtes und seiner Reputation, durch eine gestärkte Beziehungsebene als auch dank seiner eingesetzten fachlichen Mittel zur Authentizität und Glaubwürdigkeit der Mittelakquise seiner Organisation sowie zur Überzeugung der Geldgeber und somit zum finanziellen und damit künstlerischen und kulturellen Erfolg bei.

2.1.3 Public Relations und Marketing

Public Relations, kurz PR, ein aus dem Englischen entlehnter Begriff, der, laut Merten, zuerst 1882 an der Yale University (USA) angewendet wurde,[225] ist, laut Bahne, eine noch junge Wissenschaft, die im deutschen Sprachraum mit „Öffentlichkeitsarbeit" gleichgesetzt wird[226] und von Grunig/Hunt als „das Management von Kommunikation zwischen einer Organisa-

---

[224] Klein 2008: S. 247

[225] Merten 2007: S. 279

[226] Bahne in: Lewinski-Reuter/Lüddemann 2011: S. 300; Heinrichs/Klein 2011: S. 331

tion und ihren Teilöffentlichkeiten" definiert wird.[227] Die offizielle Wikipedia-Definition lautet:

PR verfolgt vorrangig das Ziel, [...] das Image der betreffenden Organisation zu stärken. Zentrales Mittel [...] ist die Medienarbeit – PR kann [...] wie Werbung via bezahlten Medienraum (Inserat, Plakat, Radio-/TV-Spot) sowie Social Media geschehen.

PR konzentriert sich nicht allein auf den Absatzmarkt, da sie im Vergleich zur Werbung meist indirekter operiert und mit einer langfristigen Wirkungsabsicht auf die Öffentlichkeit ausgerichtet ist. Gleichwohl unterstützt gute PR Werbung und andere Marketingkommunikation.[228]

Heinrichs/Klein gehen von dem aus dem Englischen ins Deutsche übersetzten Begriff „öffentliche Beziehungen" aus, der für sie „Bemühen um öffentliches Vertrauen" oder „Vertrauenswerbung" kennzeichnet[229], eine Qualität, die in der Tat in vielen hier genannten außerkünstlerischen Bereichen wesentlich ist (siehe auch Kapitel 2.1.6).

---

[227] Grunig/Hunt 1984: S. 6

[228] https://de.wikipedia.org/wiki/%C3%96ffentlichkeitsarbeit#Abgrenzung_zu_Marketing(kommunikation)_und_Werbung abgerufen: 6.6.2021

[229] Heinrichs/Klein 2001: S. 331

2.1.3.1 Definition: PR & Marketing

Public Relations grenzt sich insofern vom Marketing (Werbung) ab, als dass letzteres sich, laut de Teffé, der Mittel von Produktpolitik, Preis- und Kommunikationspolitik sowie Distribution bedient.[230] Wikipedia definiert Marketing im Gegensatz zu PR als „primär auf marktrelevante Prozesse [bezogen]. Der Fokus liegt auf den Konsumenten als wichtigste Zielgruppe. Im Gegensatz dazu bezieht sich der PR-Begriff auf alle Anspruchsgruppen, insbesondere die große, sehr heterogene Öffentlichkeit"[231]. Günter/Hausmann stellen jedoch heraus, es gebe „vor allem sehr unterschiedliche Konzeptionen des Marketings, die gerade im Kulturbereich differenziert zu beurteilen und anzuwenden sind", sodass deren Kulturmarketingverständnis „weit über einzelne Sachverhalte wie Werbung, Verkaufsförderung oder Marktforschung hinausgeht. Es impliziert vielmehr eine ganzheitlich ausgerichtete Unternehmensphilosophie"[232]. Auf PR bezogen konkretisiert Bahne deren kommunikativen Teil als „Information, Motivation und Aktion"[233]. Es sind also Schnittstellen zwischen PR und Marketing festzustellen, denn verfolgt man beide Strän-

---

[230] de Teffé in: Lewinski-Reuter/Lüddemann 2011: S. 176

[231] https://de.wikipedia.org/wiki/%C3%96ffentlichkeitsarbeit#Abgrenzung_zu_Marketing(kommunikation)_und_Werbung abgerufen: 6.6.2021

[232] Günter/Hausmann 2009: S. 9

[233] Bahne in: Lewinski-Reuter/Lüddemann 2011: S. 300

ge, so halten es Günter/Hausmann für das Marketing „im Kulturbereich sinnvoll, Leitbilder als Grundlage für die Bestimmung des Selbstverständnisses und der Ableitung von (Marketing-) Zielen heranzuziehen",[234] während Bahne ebenfalls feststellt: „Idealtypisch legt ein Leitbild klar und konturenreich fest, welche Merkmale, Eigenschaften und Verhaltensweisen eine Organisation besonders auszeichnen und – besser noch: einzigartig machen"[235]. Laut Definition Günter/Hausmanns umfassen Leitbilder die inhaltliche wie auch personelle Ausrichtung eines Kulturbetriebes, die diesem zu einem nach außen zu kommunizierenden Profil verhelfen.[236] Mit Vorlage eines „tauglichen Leitbildes" hat, laut Bahne, PR eine eindeutige Aufgabe: „PR hat eine dienende Funktion. Sie soll eine Brücke zwischen der Organisation hin zur Öffentlichkeit schlagen"[237].

2.1.3.2 Anwendung: Branding

Für den Arbeitsbereich Orchester und Dirigent stellt Brezinka fest, auch wenn sich eine Kulturinstitution „innerhalb des vielfältigen Freizeitangebots einer Stadt oder Region eindeutig positionieren"

---

[234] Günter/Hausmann 2009: S. 27

[235] Bahne in: Lewinski-Reuter/Lüddemann 2011: S. 303

[236] Günter/Hausmann 2009: S. 27; S. 34

[237] Bahne in: Lewinski-Reuter/Lüddemann 2011: S. 303

lässt, müssten dennoch „Grundsätze formuliert werden, die zur Orientierung, Legitimierung und Motivation der Einrichtung beitragen"[238]. Den definierten „Organisationszweck" – oder Mission Statement[239] – sollten außer dem Orchestermanagement bzw. GMD alle Mitarbeiter/innen kennen und dafür einstehen.[240] Laut Brezinka ist Voraussetzung für ein tragendes Marketingkonzept, wie in Kapitel 2.1.1.1 aufgezeigt, „eine erfolgreiche musikalische Arbeit, die das Orchester zu einem möglichst hochrangigen Klangkörper macht"[241]. Diese lässt sich, wie in Kapitel 2.0 und 2.1.1.1 ausgeführt, u.a. an der Kontinuität, Solidität, Profundität und Nachhaltigkeit der Arbeit des GMDs festmachen. Klein führt aus: „Dienstleistungen haben [...] sehr häufig einen symbolischen bzw. affektiven Wert [...] Diesen Aspekt kann man mit einer entsprechenden Imagestrategie ansprechen"[242]. Pöllmann bemerkt: „Kulturinstitutionen bieten bereits das sinnliche Erlebnis, das ein Branding im klassischen Kontext erzeugen will"[243].

---

[238] Brezinka 2005: S. 97

[239] Günter/Hausmann 2009: S. 27; Heinrichs/Klein 2001: S. 278

[240] Brezinka 2005: S. 97

[241] ebd.S. 97

[242] Klein 2005: S. 22

[243] Pöllmann in: Lewinski-Reuter/Lüddemann 2011: S. 236

Die Erstellung und Nutzung eines Leitbildes, Profils bzw. Images eines Betriebes nennt Rauch allgemein „Corporate Sustainable Branding", für das das Einsetzen einer spezifischen Menschengruppe (z.B. Fußballverein) und/oder Person (z.B. Trainer) als Branding-Mittel u.a. für probat erachtet wird.[244] „Branding" steht bei Rauch für die Verbindung einer Marke und deren Image und die marketingstrategische Etablierung dieser Verquickung, „Sustainable" für die Langfristigkeit und Nachhaltigkeit dieses Markenimages im Sinne von Vertrauenswürdigkeit und Zuverlässigkeit für den/die Nutzer/innen und „Corporate" für gewerblich und kommerziell – es ist also ein betriebsspezifisches, langfristiges Markenimage und dessen Pflege und ein daraus für den entsprechenden Betrieb erwachsender Wertegewinn in der Außenwahrnehmung.[245] Klein sieht die Notwendigkeit, „dass die einzelnen Kulturbetriebe sich als ‚starke Marken' konstituieren"[246].

Günther/Hausmann bemerken zum „Branding – Kulturanbieter als Marke":

Eine starke Marke repräsentiert eine Art ‚Persönlichkeit' mit einem erkennbaren, unterscheidbaren

---

[244] Rauch 2012: S. 166 ff.; Günther/Hausmann 2009: S. 44

[245] Günther/Hausmann 2009: S. 2; S. 69 ff.

[246] Klein 2008: S. 115; Klein 2007

Charakter, sie steht für Kompetenz und das Einhal-
ten von Versprechen [...]. Sie [...] schafft Vertrauen
sowie Möglichkeiten zur Identifikation und ermög-
licht einen emotionalen Zusatzreiz bzw. Mehr-
wert.[247]

Die beiden Autor/innen bezeichnen eine „identitätsba-
sierte Markenführung als besonders zielführend", die u.a.
auch die „Markenidentität" bzw. den „Markenkern" darstellt; diese beziehen sich auf die Merkmale, die durch
„Führungskräfte und Mitarbeiter in nachhaltiger Weise"
bestimmt werden; laut Günter/Hausmann kann damit ein
gruppen- und/oder personenbezogenes Branding als besonders effektiv angesehen werden.[248]

Es ist rückblickend zu beobachten, dass einige hochran-
gige Orchester langfristig eine markenstrategische Verquickung ihres Namens mit dem ihres Chefdirigenten
vorgenommen und somit nachhaltiges Branding betrieben haben:

* Berliner Philharmoniker – Herbert von Karajan
* Münchner Philharmoniker – Sergiu Celibidache
* Boston Symphony Orchestra – Seiji Ozawa

---

[247] Günther/Hausmann 2009: S. 44

[248] ebd.

- Los Angeles Philharmonic – Gustavo Dudamel[249]

Auch Opernhäuser haben diese Strategie verfolgt:

- The Metropolitan Opera – James Levine[250]
- Berliner Staatsoper Unter den Linden – Daniel Barenboim
- Teatro alla Scala – Riccardo Muti[251]

Für das Spannungsfeld des Dirigenten zwischen Künstler und Manager bedeutet ein solches Branding:

Ein Chefdirigent oder GMD, der einem Orchester oder Theater als Führungspersönlichkeit (s. Kapitel 1.5) längerfristig vorsteht und es damit öffentlichkeitswirksam non-verbal und sichtbar als Künstler auf der Bühne, aber auch als künstlerischer Vorstand verbal nach außen vertritt, steht mit seinem Namen, seiner Reputation, sowie seinen künstlerischen Prioritäten, Ideen, Visionen und Aktivitäten für die Resultate und den Ruf seiner Organisation ein. Der GMD ist also qua Amt, insbesondere aber durch erzielte, erfolgreiche künstlerische Resultate ein Repräsentant und Bezugsobjekt des Kollektivs, dem er vorsteht und das er mit seinen künstlerischen Mitteln zu

---

[249] https://www.laphil.com/brand-toolkit abgerufen: 10.09.2024

[250] Günther/Hausmann 2009: S. 45

[251] ebd.

besonderen Leistungen führt. Für das Publikum als direkte Bezugsgruppe heißt dies:

Das Markenimage ist ein in der Psyche relevanter Bezugsgruppen fest verankertes Vorstellungsbild von einem Bezugsobjekt [...] Eine starke Assoziation der relevanten Bezugsgruppe mit der Marke erzeugt u.a. eine höhere Markenerinnerung (Brand Recall).[252]

Pflegt der GMD beispielsweise eine Kommunikationskultur mit dem Publikum durch Konzerteinführungen, -ansprachen oder ähnliches, so entsteht hierdurch für das Publikum eine auf ihn als Bezugsperson der Organisation (Theater, Orchester) bezogene Verbindung, über die sich das Publikum mit ihm als Person und Repräsentant der Marke (Organisation), für die er auftritt und wirkt, identifizieren kann.

Branding wird genauer folgendermaßen definiert:

Branding bezeichnet die Entwicklung einer Marke mit einem bestimmten Image [...] zu einem hohen Wiedererkennungswert [...] Beim Branding geht es also zunächst darum, den immateriellen Wert einer Marke zu erhöhen, sodass Vertrauen und eine emo-

---

[252] https://wirtschaftslexikon.gabler.de/definition/markenimage-39736/version-263138 abgerufen: 27.6.2021

tionale Bindung an die Marke entsteht [...]. Manche Marken erreichen durch Branding sogar einen Kultstatus.[253]

Gansch konstatiert: „Die Führungskraft ist für die klare Botschaft und den unverwechselbaren Stil zuständig"[254].

Ein organisationsleitender Dirigent kann also im PR- und Marketingbereich auf die Gestaltung und Nutzung des Brandings seiner Institution Einfluss nehmen, um damit seine künstlerischen Prioritäten und seinen Stil sowie der Verbindung seiner Person bzw. seines Namens mit dem von ihm geleiteten Kollektiv in Bild und Wort einerseits, in Authentizität und Glaubwürdigkeit, andererseits Nachdruck zu geben mit der Absicht, Image und Profil des Orchesters oder Theaters zu schärfen und einer qualitätsversprechenden und -sichernden künstlerischen Partnerschaft Ausdruck zu verleihen. Damit ist das Ziel verbunden, mit einer Profilschärfung und Imagedefinition ein griffiges und sichtbares Alleinstellungsmerkmal als Wiedererkennungswert seiner Organisation – in Verbindung mit der Corporate Identity und dem Corporate Design[255] – herauszustellen, um auf das potentielle Publi-

---

[253] https://unternehmer.de/lexikon/online-marketing-lexikon/branding abgerufen: 27.6.2021

[254] Gansch 2006: S. 117

[255] Günter/Hausmann 2009: S. 28, Heinrichs/Klein 2001: S. 61 f.

kum vertrauensbildend,[256] nutzerbefriedigend und verkaufsfördernd einzuwirken.

Branding bezeichnet die Entwicklung einer Marke zu einem starken Aushängeschild eines Unternehmens. Das Hauptziel des Brandings ist es, die eigenen Dienstleistungen und Produkte vom Angebot der Wettbewerber abzugrenzen und mit konkreten Botschaften und Emotionen zu assoziieren.[257]

Klein benennt drei Ziele für erfolgreiches Marketing:

1. Realisation der vorgegebenen bzw. selbst gesetzten inhaltlichen Zielsetzungen,
2. Erreichen der anvisierten Zielgruppen bzw. des geplanten Interessenkreises,
3. Effizienz der Ressourcennutzung.[258]

Da ein GMD die Außenwirksamkeit seines Orchesters oder Theaters sowohl durch seine inhaltliche (Spielplan- und Programmgestaltung, musikalischer Stil) als auch durch kommunikative Arbeit als künstlerischer Leiter verantwortet, ist es gewinnbringend und effizient, wenn

---

[256] Bahne in: Lewinski-Reuter/Lüddemann 2011: S. 301 und 303; Rauch 2012: S. 1 f.

[257] https://www.businessinsider.de/gruenderszene/lexikon/begriffe/branding/ abgerufen: 27.06.2021

[258] Klein 2005: S. 223

ihm die Funktionen und Absichten von PR und Marketing so weit bekannt sind, dass er kraft seiner diesbezüglichen Kenntnisse direkt und somit maximierend auf Profilschärfung, Reputationsgewinnung und Verkaufsförderung über die einzusetzenden Mittel einwirken und somit seiner Organisation zu einem soliden, sicheren kulturpolitischen und gesellschaftlichen Standing und allgemeiner Wertschätzung verhelfen kann.

2.1.4 Publikumsgewinnung

In Orchester- und Theaterverwaltungen sind – im deutschsprachigen Raum meist in der Dramaturgie angesiedelt – an vielen Orten Orchester- bzw. Theaterpädagog/innen tätig,[259] durch die, laut Klein, „das Publikum von morgen an die Kultureinrichtung herangeführt werden soll"[260]. Mandel spricht – in Anlehnung an den angelsächsischen Begriff – von „Audience Development" als einer dauerhaften, strategischen Initiative zur „Gewinnung neuen Publikums für Kultureinrichtungen"[261].

Klein warnt: „Wollen Kunst- und Kultureinrichtungen auch in Zukunft sichergehen, dass sie ausreichend Besu-

---

[259] Schmidt: 2017: S. 325

[260] Klein 2008: S. 20

[261] Mandel in: Lewinski-Reuter/Lüddemann 2011: S. 9

cher anziehen, müssen Sie bereits heute in viel stärkerem Maße, als dies – zumindest in Deutschland – bisher noch der Fall ist, Kinder und Jugendliche ansprechen"[262]. Mandel sieht durch „gravierende Veränderungen der Nachfragestrukturen" im Kulturbereich eine steigende Bedeutung und Notwendigkeit von systematischer Publikumsentwicklung.[263] Colbert statuiert: „Alle Maßnahmen, die darauf ausgerichtet sind, Kinder für Kunst zu interessieren, sind [...] von entscheidender Wichtigkeit. Kaum ein Erwachsener ohne diese Wertvorstellungen oder Bildungshintergrund wird Oper oder Ballett [...] für sich entdecken"[264]. Wie hier deutlich wird, bezieht sich die Publikumsgewinnung vorrangig auf die jüngeren Generationen als potentielles neues Stammpublikum. Aus diesem Grund spricht man auch bezüglich der Orchester- und Theaterpädagogik vom „Education"-Bereich.[265]

Mandel nennt Publikumsgewinnung eine „Querschnittsaufgabe in den Bereichen Marketing, PR und Vermittlung"[266]. Hiermit wird in Bezug auf Kapitel 2.1.6 deutlich, dass Teilbereiche künstlerischer Administration

---

[262] Klein 2008: S. 125

[263] Mandel in: Lewinski-Reuter/Lüddemann 2011: S. 13

[264] Colbert in: Klein 2008: S. 12

[265] Schmidt: 2017: S.14; S. 86

[266] Mandel in: Lewinski-Reuter/Lüddemann 2011: S. 9

bzw. von Kulturmanagement eine gewisse Interdependenz haben. Dies wird ersichtlich aus Mandels diversen Kriterien (wirtschaftlich, gesellschaftspolitisch, soziokulturell, relevanzbezogen u.ä.): dass Publikumsgewinnung mit klar bestimmten Zielen betrieben werden sollte, beispielsweise für die

- generelle Erhöhung der Besucherzahlen,
- Gewinnung einer speziellen Zielgruppe (z.B. Kinder/Jugendliche oder Migrant/innen),
- Sicherung der wirtschaftlichen Basis des Kulturbetriebes,
- Erfüllung eines gesellschaftspolitischen Auftrags.[267]

Im Rahmen von Kulturmarketing sprechen Günter/ Hausmann neben ökonomischen von psychologischen Zielen, die sich auf die mentalen und geistigen Prozesse des Publikums beziehen, die durch die Angebotsvielfalt der Kulturinstitutionen entscheidend angeregt werden und sich durch die Erhöhung des Bekanntheitsgrades, der Besucherzufriedenheit und die Intensivierung von Besuchertreue und -bindung für den Kulturbetrieb auszahlen.[268] Heinrichs/Klein bezeichnen Publikumsbindung als eine Stabilisierung einer „Austauschbeziehung"

---

[267] Mandel in: Lewinski-Reuter/Lüddemann 2011: S. 10

[268] Günter/Hausmann 2009: S. 30

zwischen Kulturinstitution und Kunden,[269] wo nicht allein die betrieblich angebotenen Inhalte, sondern die Bedürfnisse des Publikums oder der jeweiligen Zielgruppe ins Zentrum gestellt werden.[270] Die Autoren nennen als Mittel hierfür offene (z.B. Abonnement, Förderverein) und geschlossene (z.B. exklusive Clubs) Publikumsbindungsprogramme, wobei sie den geschlossenen aufgrund des persönlicheren und stärkeren Verbindlichkeits- und Austauschgrades eine höhere Wirksamkeit zusprechen.[271] Mit Blick auf die Nachhaltigkeit des Kulturangebots meint Klein, dieser bräuchte „das sehr viel breitere und engagiertere Eingreifen von aktiven und systematischen Maßnahmen zur Gewinnung und Entwicklung der zukünftigen Nutzer"[272]. Mandel kritisiert vor allem: „Derzeit werden Bemühungen um ein anderes Publikum in der Regel an die Abteilungen für Marketing und Vermittlung ausgelagert und berühren nicht das ‚Kerngeschäft' der künstlerischen Arbeit und die Leitungsebene"[273].

Um dem von Klein gewünschten beherzten und strategischen Vorgehen und Mandels Forderung nach Priorisie-

---

[269] Heinrichs/Klein 2001: S. 31 f.; S. 34 f.

[270] ebd. S. 34 f.

[271] ebd.: S. 32 f; S. 224

[272] Klein 2008: S. 124

[273] Mandel 2016: S. 33

rung im Sinne von Erweiterung des Kerngeschäfts und Beteiligung der Leitungsebene Folge zu leisten, wäre eine synergetische Kooperation und Kollaboration zwischen Education-Bereich und musikalisch-künstlerischer Leitung erfolgsversprechend. Für den Verantwortungsbereich eines GMDs bedeutet dies, dass „adäquate Programmformate und Kommunikationsformen"[274] entwickelt werden müssen, um neues Publikum zu gewinnen und nachhaltig zu binden. Das kann zwar der Orchester- und Theaterpädagogik vor Ort überlassen werden, man darf jedoch annehmen, dass ein Dirigent eine breitere und tiefere Repertoirekenntnis besitzt und damit die Adäquatheit für ein spezifisches Publikum (verschiedene Alters- oder Bevölkerungsgruppen, Gesellschaftsschichten) bzw. für eine jeweils definierte Zielgruppe[275] ideal bestimmen kann.

Da es bei der Publikumsgewinnung, laut Mandel, vorrangig um Kulturvermittlung geht,[276] handelt es sich in erster Linie um strategisch ausgerichtete „Kommunikations- und Informationsformen",[277] deren Ziel laut Günter/ Hausmann „der Aufbau stabiler, auf Vertrauen beruhender Beziehungen zwischen einem Kulturbetrieb und sei-

---

[274] Mandel in: Lewinski-Reuter/Lüddemann 2011: S. 10 f.

[275] ebd.

[276] ebd. S. 9 f.

[277] ebd. S. 11

nen Besuchern" ist.[278] Für die Publikumsgewinnung scheint also wie beim Branding die Vertrauensbasis zwischen Publikum und Institution – genauer noch zwischen Publikum und Künstler – von entscheidender Bedeutung und Wirkung zu sein. Die Bedeutung des Brandings bestätigt Mandel, denn „Kulturvermittlung umfasst dabei sowohl direkte Formen der personalen Vermittlung [...] wie auch indirekte Formen der Vermittlung durch Aufmerksamkeitsmanagement und Markenbildung in PR und Marketing"[279].

Um die genannten nötigen Aspekte von programmatischer Strategie und solider Vertrauensbasis zu erfüllen, bräuchte der GMD also einerseits Kenntnisse über Maßnahmen und Strategien der Publikumsentwicklung, andererseits eine starke kommunikative Komponente und ein öffentlichkeitswirksames Standing als Marke, um gleichzeitig als Repräsentant und Vermittler der jeweiligen Publikumszielgruppe eine glaubwürdige und damit nachhaltige Mission zu übermitteln. Dies kann er zwar, wie erwähnt, mittels Unterstützung und Zuarbeit aus dem „Education"-Bereich leisten, doch ist die Erfahrung des Autors dieses Buches, dass gut durchdachte, speziell entwickelte und gegebenenfalls von Zielgruppe zu Zielgruppe modifizierte Programmangebote, an denen er

---

[278] Günter/Hausmann 2009: S. 46

[279] Mandel 2016: S. 10

maßgeblich mitgearbeitet oder die er voranging selbst erstellt hat, aufgrund ihrer Geschlossenheit, einheitlichen Erstellung und Ausrichtung, ihrer ganzheitlichen Entwicklung von der Idee über das Skript bis zur Bühnenpräsentation – d. h. Moderation und Dirigat – am erfolgreichsten und für das Publikum am überzeugendsten waren. Brezinka sagt publikumsbezogen: „Jedes Orchester ist auf ein Publikum angewiesen. Ein Konzert ist ein Dialog. Nicht nur der Musiker arbeitet beim Musizieren, auch der Hörer verbringt eine Leistung, wenn er sich auf die Musik konzentriert und sich von ihr bewegen lässt"[280]. Wenn also beide Richtungen – von der Bühne (Künstler/Vermittler) zum Publikum und vom Publikum zur Bühne – von genuinem Interesse geprägt sind und wenn die Programmentwicklung und -präsentation, mehr oder weniger aus einer gestaltenden Hand kommend, aus tiefgehender künstlerischer Überzeugung und dadurch mit Authentizität und Glaubwürdigkeit dargestellt und ausgeführt wird, kann Publikumsgewinnung hohe Integrität und nachhaltigen Erfolg haben.

Der Gefahr des „Dumbing-down" als absichtliche Versimplifizierung kulturellen Inhalts und damit die Beraubung von dessen Vielfalt und inhaltlichem Reichtum[281] widerspricht Mandel, indem sie der Anpassung der Pro-

---

[280] Brezinka 2005: S. 22

[281] https://en.wikipedia.org/wiki/Dumbing_down: abgerufen: 28.6.2021

gramme an unerfahrenes Publikum entgegenstellt: „Das heißt nicht, Kunst auf Bedürfnisse eines breiten Publikums zu reduzieren, vielmehr geht es darum, Profil, Programme, Präsentationsformate und Kommunikation so zu gestalten, dass sie von Relevanz sind für diejenigen, die erreicht werden sollen"[282]. Mit speziell auf die jeweilige Zielgruppe zugeschnittenen Formaten und gleichzeitig mit auf sie abgestimmten musikalischen Inhalten kann das jeweils angesprochene Publikum erreicht und gewonnen werden, ohne Gefahr zu laufen, die künstlerische Wertigkeit herabzumildern oder paternalisierend zu erscheinen.

Empirisch gesprochen hat der Autor dieses Buches u.a. an der Metropolitan Opera, beim Boston Symphony Orchestra, für die Orchester des NDR und das Cyprus Symphony Orchestra Programme zur Heranführung jungen oder unerfahrenen Publikums entwickelt, moderiert und geleitet.[283] Inhaltlich ging es darin stets um die Übertragung der eigenen Begeisterung für die Musik auf die Zuhörenden auf eine einfach zugängliche, aber künstlerisch und inhaltlich qualitativ hochwertige Art und Weise, die gleichzeitig eine verbindliche Vertrauensbasis schafft. Die ausverkauften Säle und die Zunahme an

---

[282] Mandel in: Lewinski-Reuter/Lüddemann 2011: S. 12

[283] www.youtube.com/watch?v=DkqFkhvQ854; www.youtube.com/watch?v=hCjseRLAh3w: abgerufen: 15.7.2021

Kartenverkäufen haben den Erfolg, den Bedarf und die Notwendigkeit solcher Programme aus Sicht des Autors bestätigt.

Das notwendige Vertrauen[284] kann, wie oben und in den Kapiteln 2.1.3.2 und 2.1.2.2 dargestellt, durch glaubwürdiges und authentisches Handeln und Auftreten –sowohl programmstrategisch als auch künstlerisch und ggf. verbal vermittelnd– des GMDs erlangt werden. Walter betont die persönliche Komponente von Musikvermittlung: „Kunst und Kultur geht [sic] immer von Menschen aus, es ist eine zutiefst persönliche Sache"; er sieht den Menschen als „größten Identifikationsfaktor", den es gäbe, denn „Menschen sind immer interessanter als Institutionen"[285].

Ein GMD, der die beschriebenen musikvermittelnden und publikumsbindenden Faktoren nicht bloß aus künstlerischer, sondern auch aus kulturmanagerialer Sicht – und bestenfalls auch aus pädagogischer Eignung heraus – bedienen kann, kann somit zu einer nachhaltigen Publikumsgewinnung und -loyalität für seine Organisation beitragen und sie damit gewährleisten helfen.

---

[284] Günter/Hausmann 2009: S. 46

[285] Walter in: Henze 2013: S. 33

2.1.5 Change Management

Unter Change Management versteht man, „Veränderungsprozesse in Organisationen ganzheitlich und kontinuierlich zu gestalten [...], zu realisieren, zu reflektieren und zu verankern"[286]. Dazu gehört laut Kostka/Mönch auch „die bewusste und systematische Gestaltung von Kommunikations- und Organisationsstrukturen",[287] also, wie in Kapitel 2.1.1.2 dargestellt, ein gutes, in alle Richtungen der Beteiligten ausgerichtetes Informationsmanagement.[288] Zu den Initiatoren, Lenkern und Trägern eines innerbetrieblichen Wandels bemerkt Schmidt: „In der Reihe der möglichen Mitarbeiter, die den Wandel koordinieren und realisieren, den Change Agents, müssen an vorderer Stelle Intendant und Direktoren genannt werden"[289].

Künstlerische Arbeit als auch ihre planerische Implementierung – also künstlerische und manageriale Führung – kann, wie unten gleich bestätigt wird, als ein stets in die Zukunft hinein orientiertes Wirken bezeichnet werden, das sich mit den aktuellen, konkreten Herausforderungen befasst, um somit Resultate für die Zukunft zu erzeugen.

---

[286] Kostka 2017: S. 8

[287] Kostka/Mönch 2009: S. 6

[288] ebd. S. 21

[289] Schmidt 2017: S. 312

Wie in Kapitel 2.0 beschrieben, probt der Dirigent mit dem Ensemble (Orchester, Chor, Gesangssolist/innen), indem er technische, rhythmische, klangliche und interpretatorische Aspekte behandelt und deren Probleme löst, um ein schlüssiges und gültiges Gesamtergebnis zu erreichen. Seine administrative Arbeit (s. Kapitel 2.1) befasst sich zu einem großen Teil mit planerischen Aspekten, um die künstlerischen Absichten, Ziele und Resultate bestmöglich zu implementieren.

Im künstlerischen Arbeitsbereich setzt ein leitender Dirigent für seine Vision Prioritäten und verwirklicht diese durch kontinuierliche Arbeit am jeweiligen Repertoire. Dies bedeutet mitunter, örtlich vorherrschende Muster und Gewohnheiten aufzubrechen und neue Arbeits- und Gestaltungsstile anzuregen und zu etablieren, um die künstlerische Vision umsetzen zu können. Es bedeutet jedoch gegebenenfalls auch, neu entstehende Muster und Gewohnheiten stets der künstlerischen Vision dienbar zu machen und das Niveau auf den erarbeiteten Grundlagen weiter zu erhöhen, um Ensemble und Organisation stets auf der Höhe der Zeit zu halten. Hierzu sagen Sievertsen/ Frantz:

... wenn der Dirigent gut ist, dann wird er seinen Mitarbeitern neue Herausforderungen stellen und sie zu höheren Leistungen bewegen. Dann wird er

99

versuchen, das leuchtende Anfangserlebnis von Qua-
lität und Intensität immer wieder zu schärfen. Und
er wird dafür sorgen, dass es stets auf ein höheres
Niveau transportiert wird.[290]

Schmidt bemerkt auf die Institution Theater bezogen:

Der Begriff der Zukunftsfähigkeit steht in unmittel-
barem Zusammenhang mit dem des Change Ma-
nagement. Ein Theater das zukunftsfähig sein und
bleiben möchte, muss sich ständig erneuern, regene-
rieren, und deshalb verändern, um die ursprünglich
formulierten Ziele, den Menschen Theater in die
Städte zu bringen, auf einem hohen Niveau fortfor-
mulieren zu können und damit auch das Theater als
Institution zu erneuern und zu sichern.[291]

Kostka sagt hierzu aus:

Change Management hat einen Anfangspunkt und
eine Zielrichtung, wird aber nie zu Ende sein, denn
es gilt, den dauernden Entwicklungsprozess einer
agilen, sich ständig verbessernden und lernenden
Organisation zu gestalten. Meisterschaft wird nur

---

[290] Sievertsen/Frantz 2007: S. 102

[291] Schmidt 2017: S. 318

durch regelmäßiges Reflektieren und ständiges Ver-
bessern erzielt.[292]

Kunz stellt diesbezüglich fest: „Als Führungskraft sind
Sie gehalten, vorausschauend zu denken und auf die zu-
kunftsgerichtete Weiterentwicklung Ihrer Unternehmens-
sicherheit hinzuwirken"[293]. Das bedeutet für einen leitenden Dirigenten, dass zu Personalentwicklung und
Qualitätsmanagement (also künstlerische Entwicklungs-
arbeit, s. Kapitel 2.1.1.1) auch sensibles Change Management gehören sollte.

Kostka/Mönch gehen davon aus, dass tiefgreifende Veränderungsprozesse in erster Linie von Persönlichkeiten
initiiert werden, „die zielgerichtet, engagiert und fanta-
sievoll auf neue Herausforderungen reagieren, indem sie
die Zukunft antizipieren"[294]. Kreative, visionäre und ge-
stalterische Führung kann also als primär zukunftsorien-
tiert bezeichnet werden. Scharmer benennt die Idee, aus
der Zukunft heraus zu führen, die „Theorie U"[295]. Er
führt hierzu später aus:

---

[292] Kostka 2017: S. 9

[293] Kunz 2020: S. 128

[294] Kostka/Mönch 2009: S. 22

[295] Scharmer 2009

Die Fähigkeit, nicht nur auf die Vergangenheit zu reagieren, sondern sich in eine entstehende Zukunft hineinzulehnen und sie gegenwärtig werden zu lassen, ist vielleicht eine der wichtigsten Führungsfähigkeiten, die heute gebraucht werden.[296]

Künstlerische (Weiter-) Entwicklung ist also, wie auch in den Kapiteln 2.0 und 2.1.1.1 dargestellt, eine Kernaufgabe der dirigentischen Arbeit. Sie bedarf der Fähigkeit, die künstlerisch Mitarbeitenden für eine gemeinsame Vision und Mission, auch einen individuell ausgerichteten künstlerischen Stil zu gewinnen und sie dorthin zu führen, was wiederum für die Mitarbeitenden und deren Führung die Notwendigkeit eines gelingenden Change Managements bedeutet. Gansch statuiert: „Der Dirigent hat also die Aufgabe, die große Linie vorzugeben, also die Vision eines Werks, die er [sich] vorab erarbeitet hat"[297]. Kostka merkt diesbezüglich an:

Es ist kein Geheimnis, dass erfolgreiche Organisationen von charismatischen Personen geführt werden, die mit vollem Herzen ihrer Vision folgen und ihre Mitarbeiter immer wieder dafür begeistern.[298]

---

[296] Scharmer/Käufer 2014: S. 14

[297] Gansch 2006: S. 115

[298] Kostka 2017: S. 7

Den mithin wesentlichsten Aspekt des Change Managements gibt die Autorin jedoch zu bedenken: Menschen sind soziale Wesen, „die für Veränderungen Raum zur Reflexion des eigenen Verhaltens als auch Zeit zur Integration neuer Gewohnheiten brauchen" und führt aus:

> *Organisationen bestehen in erster Linie aus Menschen und sind daher komplexe (lebendige) Systeme, die auf jede Veränderung auf ihre Weise reagieren [...]. Jeder muss [...] lernen, adäquat mit Veränderungen umzugehen und seine Rolle verantwortungsbewusst auszufüllen. Im Zentrum aller Gestaltungsaktivitäten steht der Mensch [...]. Entscheidend ist dabei, wie wertschätzend der Umgang miteinander ist. Wertschätzung ist der Schlüssel für Wertschöpfung.*[299]

Dies gilt nicht nur für die künstlerischen, sondern in ähnlichem Maße ebenso für die administrativen Zuständigkeitsbereiche eines leitenden Dirigenten; auch dort muss ein GMD die mannigfaltigen Aspekte verwalterischer und kulturmanagerialer Arbeit den von ihm gesetzten Prioritäten und Visionen seiner künstlerischen Kernaufgaben durch gute interne Kooperationen dienlich machen. Change Management kann also als ein integrativer Prozess, der verschiedene Aspekte – wie Qualitätsent-

---

[299] Kostka 2017: S. 9

wicklung und -sicherung, insbesondere aber auch den sensiblen Bereich der Personalführung und -entwicklung sowie abteilungsübergreifende Arbeit (hier zwischen künstlerischem und administrativem Bereich) – einbezieht, verstanden werden. So bemerken Kostka/Mönch:

Der Erfolg von Veränderungen hängt maßgeblich von der Fähigkeit einer Organisation ab, seine Mitarbeiter in einen paradigmatischen Veränderungsprozess zu integrieren.[300]

Für ein konstruktives Führen und dadurch gemeinsames Gestalten im Sinne der „Theorie U" empfehlen Scharmer/Käufer „einen geschützten Raum, damit sich die Gesprächsfelder von der Debatte zum Dialog und zur gemeinsamen Kreativität verwandeln können"[301].

Für Kostka ist Change Management „somit Führen von Menschen bei gleichzeitigem Steuern von Organisationen und deren Abläufen"[302].

Im Spannungsfeld zwischen Kunst und Management werden hier also von einem leitenden Dirigenten nicht nur diverse fachliche Kompetenzen, sondern auch, wie in

---

[300] Kostka/Mönch 2009: S. 9

[301] Scharmer/Käufer 2014: S. 38

[302] Kostka 2017: S. 10

Kapitel 2.1.1.1 erwähnt, Softskills und persönliche Reife sowie integrative Arbeit erwartet. Kostka/Mönch bezeichnen die Qualitäten und Voraussetzungen für Change Agents, also für diejenigen, die Veränderungsprozesse initiieren, steuern und leiten, als Menschen, die eine gewisse Reife erworben haben sollten:

Gestalter von paradigmatischen Veränderungen zeichnen sich als Brückenbauer aus und verfolgen kontinuierlich und beharrlich langfristige Ziele. Als Visionäre sind es häufig Persönlichkeiten, die aus ihren Identitätskrisen erstarkt hervorgegangen sind [...]. Erst die disziplinierte Selbstreflektion versetzt herausragende Führungspersönlichkeiten in die Lage, andere Menschen zu berühren, zu begeistern und so auf die Veränderungsreise mitzunehmen.[303]

Kostka formuliert zu Letzterem das Motto: „Wertschöpfung durch Wertschätzung" und führt dazu aus, dass hierfür seitens der Führungspersönlichkeiten zweierlei zu leisten sei:

- die Hinführung auf einen idealen Zielzustand (Transition),

---

[303] Kostka/Mönch 2009: S. 23

- das Begleiten der einzelnen Menschen durch ihre individuellen Lernprozesse (Transformation).[304]

Auch Schmidt betont die Wichtigkeit einer vielseitigen Leitungskompetenz im Theaterbereich:

Besonders wichtig ist, dass alle Direktoren in allen Managementfächern gut ausgebildet sein müssen, damit sie zumindest die Zusammenhänge gut erkennen [...] können [...]. Hier geht es um Leitungs- und Planungskompetenz und die Fähigkeit, ein Theater sowohl sicher durch Krisen als auch Change Management-Prozesse zu navigieren.[305]

Change Management kann also als ein integraler Bestandteil von künstlerischer und administrativer Führung bezeichnet werden. Es soll als Transformationsprozess von einem anfänglichen Ist-Zustand in einen wünschenswerten Soll-Zustand führen[306] und die bestmöglichen künstlerischen Resultate durch Ermöglichung auf allen beteiligten Ebenen sicherstellen. Die Notwendigkeit für Change Management entsteht im künstlerischen Bereich durch Setzen neuer Schwerpunkte, Arbeitsstile und Prioritäten als auch im administrativen, wo diese

---

304 Kostka 2017: S. 8

305 Schmidt 2017: S. 293

306 Kostka 2017: S. 12

strukturell verankert und weiter implementiert werden sollen.

Dass in diesen Prozessen vor allem auch Widerstände und Hindernisse aufgrund u.a. von Gewohnheitsänderungen und Trägheitserscheinungen auftreten, schließen die genannten Autoren keinesfalls aus.[307] Bate spricht in diesem Zusammenhang von „Mythen", die als Vorwände gegen oder Entschuldigungen für Nichtveränderungen hergenommen werden und gewisse Ist-Zustände quasi dogmatisch bewahren sollen;[308] Gansch spricht sogar von „destruktiver Blockadehaltung" durch „Voraburteile"[309]. Als mögliches Lösungsmittel stellen die genannten Autoren – unabhängig voneinander – diesem Phänomen eine Kommunikationskultur entgegen, mit Hilfe derer Akzeptanz und idealerweise Enthusiasmus für die Veränderungsnotwendigkeiten, von denen die künstlerische Führungskraft überzeugt ist, gewonnen werden kann.[310]

Empirisch gesprochen erlebte der Autor dieses Buches in verantwortlichen Positionen vor allem Widerstände ge-

---

[307] Kunz 2020: S. 132; Kostka/Mönch 2009: S. 15; Kostka 2017: S 22 ff.

[308] Bate 1997: S. 312 f.

[309] Gansch 2006: S. 122 f.

[310] Kunz 2020: S. 129 und 134; Kostka/Mönch 2009: S. 21; Kostka 2017: S. 23; Gansch 2006: S. 123; Sievertsen/Frantz 2007: S. 125

gen ein nötiges Change Management, welches die notwendigen strukturellen Veränderungen innerhalb der von ihm geleiteten Organisationen sowie die Neuausrichtung der Gesamtmission betraf. So mussten eingeschriebene Gewohnheitsabläufe und Handlungsmuster neu definiert und alle Beteiligten „ins Boot" geholt werden. Dazu gehörten u.a. eine langfristigere Spielplanplanung und entsprechende Anpassung des Probenplans, internationale Orchesterstellenausschreibungen und differenziertere Probespielformate (z.B. mehrrundige Vorspiele hinterm Vorhang) sowie Neuausrichtungen der individuellen Zuständigkeiten der Verwaltungsteam-Mitglieder. Die Herausforderung, der sich der Autor gegenübergestellt sah, war das anpassungsfähige, empathische Beharren auf die Notwendigkeit und alle damit verbundenen kleinen und größeren Veränderungen seiner künstlerischen Vision und der daraus abgeleiteten Mission, sein unbeirrbarer Glaube an deren Umsetzbarkeit und Erfolg sowie ein stetes Vermitteln und Teilen seiner Begeisterung für diese neu zu erreichenden Resultate, die folglich auch eintraten.

2.1.6 Schnittstellen und Schnittmengen

Rückblickend kann festgestellt werden, dass die ausgewählten und dargestellten außerkünstlerischen Arbeitsbereiche eines leitenden Dirigenten nicht für sich allein stehen, sondern miteinander verquickt sind; zwischen ihnen bestehen Interdependenzen. So sollte die Führungspersönlichkeit des Dirigenten im Spannungsfeld zwischen Künstler und Manager mit den einzelnen benannten Bereichen geschickt „spielen" können, wie Schiller[311] es nennt (siehe auch Kapitel 3.2.1), um als musikalischer Leiter einer Institution seine künstlerischen Visionen und Missionen so zu realisieren, dass er die verschiedenen Stränge seiner künstlerischen und administrativen Wirkungs- und Zuständigkeitsbereiche auf kompetente und damit auf wirkungsvolle, produktive und nachhaltige Art und Weise verknüpft. Das bedeutet insbesondere auch, die außerkünstlerischen Arbeitsbereiche fruchtbar miteinander zu verbinden und deren Schnittstellen achtsam und gewinnbringend zu nutzen. Diese können beispielsweise in folgenden Bereichen festgestellt werden:

Ein ressourcenorientiertes Personalmanagement ist an gute Kostenkalkulationsfähigkeiten und sorgsames Budgeting geknüpft, wenn es sich z.B. um die Planung von Beurlaubungen für die Mitarbeitenden, die Bestellung von Aushilfen und deren Dienstberechnungen oder das Engagement von Gastkünstlerinnen und Gastkünstlern handelt.

---

[311] Schiller 1997: S. 57

Für eine erfolgreiche Sponsorengewinnung ist gutes Verhandlungsgeschick und mitunter die interpersonelle Sensibilität gefragt, von der in Kapitel 2.1.1.1 die Rede war. Fundraising und Sponsorengewinnung können leichter gelingen, wenn ihnen ein wirksames Branding vorausgegangen ist.

Auch Education-Bereich und Publikumsgewinnungsaktivitäten profitieren davon, wenn ein wirksames und nachhaltiges Branding Auftreten und Aktion des GMDs unterstützen und untermauern.

Change Management setzt gute und sensible Personalführung, also „Softskills," gegebenenfalls Verhandlungs- bzw. Vermittlungsgeschick voraus.

Für viele der hier genannten Bereiche – ob im Personalmanagement, insbesondere aber auch für Fundraising und Sponsorengewinnung sowie für Publikumsgewinnung und -bindung – ist der Aufbau und die Pflege einer Vertrauensbasis mitentscheidend. Diese zeichnet sich nicht allein durch die Glaubwürdigkeit einer Institution aus, sondern auch durch ein personengebundenes Beziehungsverhältnis (das auf den GMD bezogen sogar als „ämtergebunden" bezeichnet werden könnte, wenn nicht, wie oben beschrieben, die Faktoren der Persönlichkeit und deren Softskills mit eine entscheidende Rolle spielen).

Je mehr ein leitender Dirigent spielend mit diesen vielfältigen Kompetenzen, die nicht nur den Kernbereich musikalischer Arbeit betreffen, umgehen kann, desto kohärenter, einheitlicher und geschlossener können die von ihm administrativ und künstlerisch erwirkten Resultate, aber auch desto mannigfaltiger und universeller würden seine Leitungsfähigkeiten sein.

3.0 Abschließende Betrachtungen

Die vorangegangenen Ausführungen sollten nicht nur dazu dienen, die ausgewählten Einzelbereiche des vielfältigen dirigentischen Arbeitsfeldes zu beleuchten und hinsichtlich des Themas schlussfolgernd zu erörtern, sondern auch dazu, ihre Praxisrelevanz innerhalb des dirigentischen Wirkungsbereichs aufzuzeigen. Die im vorangegangenen Kapitel 2.1.6 gezogene Schlussfolgerung, dass außerkünstlerische Verantwortungs- und Zuständigkeitsbereiche mit Sicherheit zu größerer Geschlossenheit und Kohärenz der Resultate innerhalb des Spannungsfeldes zwischen Kunst und Management führen können, können nachfolgend empirisch ein paar Persönlichkeiten untermauern, die in genau diesem Spannungsfeld in höchsten Positionen und renommierten Institutionen langfristig gewirkt haben: Dirigenten, die nicht nur aufgrund der Komplexität des Berufsfeldes, sondern vielmehr durch eine reale Ämterkopplung von Generalmusikdirektor und Intendant eine vollumfassende Doppelrolle, also eine Doppelfunktion erfüllt haben.

3.1 Empirische Betrachtungen

In einigen Fällen wurde und wird in Deutschland die Rolle des GMDs mit der des Intendanten verkoppelt. Ein erfahrener Dirigent übernimmt zusätzlich zur musikalischen Leitung die künstlerische und administrative Gesamtleitung einer Institution. So war Christoph von Dohnányi Generalmusikdirektor und Intendant der Oper Frankfurt (1972-1977) sowie der Hamburgischen Staatsoper (1977-1984); an letzterer Stelle und in gleichen Funktionen war dies Simone Young (2005-2015). Michael Gielen war an der Oper Frankfurt über zehn Jahre GMD und Intendant (1977-1987); gleiches trifft am Aalto Theater in Essen auf die Dirigenten Wolf-Dieter Hauschild (1992–1997) und Stefan Soltesz (1997–2013) zu. An der Oper Leipzig beendete im Jahre 2023 Ulf Schirmer seine Doppelrolle als GMD und Intendant (seit 2011). James Levine hat auf vergleichbare Weise in New York als Musikdirektor und Künstlerischer Direktor die Metropolitan Opera geleitet.[312] Auch der Autor dieses Buches war von 2017 bis 2020 Intendant und Chefdirigent des Nationalen Sinfonieorchesters der Republik Zypern (Cyprus Symphony Orchestra).

Rückblickend lässt sich feststellen, dass die Amtszeiten dieser Dirigenten in vollumfänglichen Doppelfunktionen meist langfristig, d. h. über mehr als fünf Jahre ausge-

---

[312] Hein/Caskel 2015: S. 256 ff.

führt wurden. Mit Blick auf Dohnányi, Gielen, Soltesz, Schirmer, Young und Levine, die bis zu einem oder über ein Jahrzehnt hinaus ein Haus gleichzeitig künstlerisch und administrativ geführt haben, lässt sich im Zusammenhang der hier betrachteten Doppelrolle –und ohne die herkömmliche, landläufige Intendantenqualifikation und -funktion in Abrede zu stellen– annehmen, dass dies für den Erfolg einer Ämterkopplung spricht.

Christoph von Dohnányi bezeichnete eine Ämterkopplung in Gesprächen mit dem Autor während dessen Assistenzzeit von 2007 bis 2009 beim damaligen NDR Sinfonieorchester Hamburg als eine Möglichkeit, Kohärenz, Ausgewogenheit und absolute Übereinstimmung auf allen künstlerischen und betrieblichen Entscheidungsebenen zu erzeugen. Die Tatsache, so von Dohnányi, dass bei der Repertoire- und Inszenierungswahl musikalisch-künstlerische Prioritäten nicht zuerst einem Intendanten gegenüber dargelegt oder schlimmstenfalls erstritten werden müssten, würde sich auf den Theaterbetrieb als auch als Endresultat auf die Überzeugung und Bindung des Publikums auswirken. Dies bestätigten dem Autor weitere oben genannte Gesprächspartner: Wolf-Dieter Hauschild nannte in einem persönlichen Gespräch mit dem Autor im November 1996 in Weimar die Effektivität der Entscheidungsfindung und insbesondere die Geschlossenheit dieser künstlerischen Entscheidungen von der Wahl der Operninszenierung, dem Regisseur, der Besetzung bis hin zur musikalischen Interpretation als Vorteile der Doppelfunktion und sein Nachfolger Stefan Soltesz beschrieb letztere in einem Telefonat mit dem Autor am 20. Juni 2021 als „etwas ganz Natürliches", welches künstlerische Führung auf den kleinsten gemeinsamen Nenner zusammenbringe, und schätzte deren dadurch gewonnene Geschlossenheit insbesondere hinsichtlich der künstlerischen Gesamtresultate sowie die Effizienz der ihnen vorausgehenden Entscheidungsprozesse. Diesbezüglich betont er öffentlich: „Einen Posten als Orchesterchef kann ich mir nur vorstellen in Verbindung mit der Intendanz eines Hauses" und erklärt hierzu: „Es geht ja nicht nur um die Frage, dass man die ganze Macht und alle Verantwortung in einem Haus bekommt. Der Hauptteil der Macht ist die Verantwortung – und die Fähigkeit, diese Verantwortung voll tragen zu können"[313]. Wie in Kapitel 2.1.1.1 bereits erwähnt, wurde unter Soltesz' Ägide das Essener Aalto Theater im Jahr 2008 in einer Umfrage der Fachzeitschrift „Opernwelt" zum „Opernhaus des Jahres" und gleichzeitig die dazugehörigen Essener Philharmoniker zum „Orchester des Jahres" gewählt.[314]

---

[313] https://www.welt.de/print-wams/article615043/Ich-traeume-von-einer-Zauberfloete-unserer-Zeit.html
abgerufen: 12.7.2021

[314] https://www.der-theaterverlag.de/opernwelt/archiv/artikel/prinzip-neugier-oder-was-bleibt-von-20072008/
abgerufen: 12.7.2021

Ulf Schirmer, mit dem der Autor dieser Arbeit am 8. Juni 2021 ein Telefonat führte und dem in der Presse in seiner Doppelfunktion als GMD und Intendant „ein Erfolg nach dem anderen" zugeschrieben wurde,[315] bestätigte im Telefonat die gesunde und stabilisierende Ausgewogenheit zwischen der künstlerischen und theaterverwalterischen Führung. Diese habe zudem hausintern eine „Befriedung" und „Sicherheit" hergestellt, „weil der Verwalter wusste, wohin der Künstler will und umgekehrt"[316]. In zwei verschiedenen Interviews (Video und Druck, s.u.) schätzt er, in der Doppelrolle als GMD und Intendant künstlerische Entscheidungen alleine treffen zu können und, wie oben Soltesz, folglich als Konsequenz auch für sie einzustehen.[317] In dem genannten Video-Interview räumt Schirmer ein, dass er als ausgebildeter, erfahrener Dirigent in die Intendantenrolle durch „learning by doing" habe hineinwachsen müssen und teilte dem Autor dieses Buches mit, dass es „unvermeidliche Abstriche auf der einen oder anderen Seite" der Ämter geben müsse, da die Kapazität beider Funktionen (GMD und Intendant) nicht immer vollumfänglich parallel zu erfüllen sei. Dies sei jedoch, so Schirmer dem Autor gegenüber, im

---

[315] https://opernmagazin.de/der-gmd-der-oper-leipzig-ulf-schirmer-im-gespraech-mit-dem-opernmagazin/
abgerufen: 12.7.2021

[316] https://www.concerti.de/interviews/ulf-schirmer/: abgerufen: 12.7.2021

[317] www.youtube.com/watch?v=GYNOikZOZyE; https://www.concerti.de/interviews/ulf-schirmer/v
abgerufen: 12.7.2021

Sinne der zu erreichenden Gesamtresultate hinnehmbar und wäre betriebsintern als auch öffentlich nicht kritisiert worden. Für die Abhilfe und Vorsorge, dass ein GMD die administrativen Fähigkeiten eines Intendanten spontan im Amt erlernen muss („learning by doing"), spricht eine vorab erworbene kulturmanageriale Qualifikation. Dennoch ist nicht in Abrede zu stellen, dass – wie von den Persönlichkeiten oben erwähnt – das Ausfüllen einer Doppelrolle ein enorm geschicktes Zeitmanagement (und mitunter auch eigenes Kraft- oder Energiemanagement) zwischen beiden Bereichen erfordert.

Was Christoph von Dohnányi, Wolf-Dieter Hauschild, Stefan Soltesz und Ulf Schirmer sowie James Levine als „dirigierende Intendanten" bzw. „geschäftsführende Generalmusikdirektoren" oder „Generalmusikdirektorintendanten"[318] unabhängig voneinander aussagen und miteinander teilen, ist der Gewinn der Ganzheitlichkeit in der Theater- bzw. Opernhausleitung und die Geschlossenheit der künstlerischen Ausrichtung und deren Gesamtresultate. Heskia bezeichnet es so: „Die künstlerische Weichenstellung erfolgt synchron abgestimmt mit der kaufmännischen Gebarung Hand in Hand"[319].

---

[318] https://www.der-theaterverlag.de/opernwelt/archiv/artikel/prinzip-neugier-oder-was-bleibt-von-20072008/ abgerufen: 12.7.2021

[319] Heskia in: Henze 2013: S. 96

Wie bereits oben erwähnt, lassen die Langfristigkeit der vertraglichen Bindungen der genannten Persönlichkeiten in Doppelfunktionen von mindestens fünf bis zu zehn Jahren und mehr die Annahme zu, dass sich diese Ämterkopplung in ihren Fällen bewährt zu haben schien. Durch die von Ulf Schirmer geführte Oper Leipzig wurde das Publikum wieder stabilisiert und dann – sichtbar an den gestiegenen Auslastungszahlen – nachhaltig und langfristig gebunden (s. Kapitel 2.1.4).[320] Schirmer spricht in einem Video-Interview von einer hundertprozentigen Ticketerlös-Steigerung, die er u.a. durch eine Ausrichtung von Repertoire und Spielplan an den zuvor aus einer Umfrage hervorgegangenen Publikumsneigungen erreicht habe.[321]

Mit den entsprechenden Kompetenzen für eine vollumfassende Doppelrolle und Personalunion als Künstler und Manager kann ein Dirigent das Spannungsfeld zwischen Kunst und Management, zwischen Schöpfer (oder Nachschöpfer)[322] und Organisator, zwischen Inspirieren und Organisieren, also im Kontrastfeld zwischen künstlerisch-schöpferischer Arbeit als Musiker und organisato-

---

[320] https://www.sachsen-fernsehen.de/besucherrekord-fuer-die-oper-leipzig-589024/#; https://www.concerti.de/interviews/ulf-schirmer/; https://www.lvz.de/Nachrichten/Kultur/Oper-Leipzig-beendet-Spielzeit-mit-Besucher-und-Umsatzplus-Insgesamt-166.000-Gaeste: abgerufen: 12.7.2021

[321] www.youtube.com/watch?v=kQ-_fIHBQu8: abgerufen: 12.7.2021

[322] vgl. Swarowsky 1979: S. 72; Walter 1986

risch-administrativer Arbeit als Manager kreativ, produktiv und holistisch nutzen und Kraft dieser Doppelverantwortung für schlüssige, kohärente und allgemein überzeugende Gesamtresultate Sorge tragen. Heskia befürwortet solche Doppelrollen und spricht in diesem Zusammenhang von „umfassendem Kulturmanagement"[323].

Die Erfahrungen des Autors in vergleichbarer Doppelfunktion beim Cyprus Symphony Orchestra bestätigen die vorangegangenen Aussagen – mit der Hinzufügung, dass je begrenzter oder weitreichender die kulturmanagerialen Kompetenzen, desto geringer oder effektiver (sowohl betriebsintern als -extern) die jeweiligen Resultate waren.

3.2 Fazit

Es kann aus den Betrachtungen der Kapitel 2 und 3 resümiert werden, dass eine Kulturmanagement-Qualifikation nicht nur allein für den Dirigentenberuf, sondern auch für die dem Dirigenten anvertraute Institution ideell als auch wirtschaftlich von Gewinn sein kann. Kunst und Management schließen sich nicht aus, sie können einander befördern; Künstlersein und Managersein kann als ein kreatives und produktives Spannungsfeld bezeichnet werden, das von den Potentialen beider Berufe und Kompetenzen zehren und profitie-

---

[323] Heskia in: Henze 2013: S. 96 ff.

ren kann. Die Verbindung von Kunst auf der einen und Kulturmanagement auf der anderen Seite ermöglicht Synergien, eine interdependente Wertschöpfung, die dem künstlerischen und kulturmanagerialen Gesamtresultat und damit auch dem Publikum zugute kommen können.

Die synergetischen Aspekte dieses Spannungsfeldes sind, wie im Vorwort, im 2. Kapitel und in Kapitel 3.1 dargestellt, in der Praxis häufig genutzt, jedoch seltener eingehender untersucht worden. So ist Wolfram „umso mehr erstaunt, dass die Rolle des Künstlers als organisationaler Mitgestalter kaum je im Zentrum der Untersuchungen des Kulturmanagements steht" und bemängelt: „Künstler und Kulturmanager sehen sich bislang nur selten als Akteure in einem gemeinsamen Spielraum"[324]. Er fordert daher, „den Künstler zu sehen und zu verstehen, als gleichberechtigten Partner, nicht nur in kreativer, sondern auch in organisationaler Hinsicht"[325]. Hinsichtlich der oben genannten, in den Kapiteln 2 und 3.1. festgestellten Konnektivitäten zwischen künstlerischen und verwalterischen Aufgaben führt Wolfram aus: „Prozesse der Entwicklung, der Repräsentation, Kooperation und Gestaltung […] folgen in der künstlerischen Praxis schon sehr häufig bestimmten Grundsätzen eines nachhaltigen Kulturmanagements, ohne dass sich Künstler dieser Be-

---

[324] Wolfram in: Henze 2013: S. 243 f.

[325] ebd. S. 240

griffe bedienen würden. Hier gilt es […] zu verdeutlichen, dass organisationale [sic!] Arbeit ein wesentlicher Bestandteil künstlerischen Schaffens sein kann"[326]. Er stellt fest, dass „die scheinbare Kluft zwischen ästhetischer Praxis und ökonomischen Strukturen […] auf einer fulminanten Unterschätzung der gegenseitigen Wechselwirkungen und Abhängigkeiten beruht"[327]. Diese Kluft kann durch eine fachliche Qualifizierung, die – aus Sicht des Dirigenten – zur künstlerischen die manageriale hinzufügt, so geschlossen werden, dass eine ursprünglich nur den Umständen geschuldete Doppelrolle (in der man sich im Amt die nötigen Fähigkeiten hinzuerwirbt) nun mit vollumfänglicher Kompetenz und damit mit besten Voraussetzungen erfüllt werden kann.

Wie in Kapitel 2.0 erwähnt, geht von Matuschka davon aus, „dass sich zwischen künstlerisch-kreativem Wollen und pragmatisch-geschäftsmäßiger Vorgabe eine Balance herstellen lässt"[328] und Henze macht sogar einen „Profit" darin aus, „dass immer mehr Künstler erkennen, dass das Managementinstrumentarium […] von einigen von ihnen weit besser beherrscht" werden kann als von „gestandenen Betriebswirten"[329].

---

[326] Wolfram in: Henze 2013: 245 f.

[327] ebd. S 246

[328] von Matuschka in: Henze 2013: S. 37

[329] Henze 2013: S. 17

Was also in Kapitel 3.1 als praktische Doppelrolle sichtbar wurde, die, in Anlehnung an Skina, als „heterogene Aufgabe"[330] bezeichnet werden kann, kann somit als eine sich gegenseitig bedingende Schnittstelle von Kunst und Management betrachtet werden, in der künstlerische und manageriale Kompetenzen ineinanderfließen. Schmidt zeigt auf, dass auf der Leitungsebene eine ganzheitlichere Qualifikation einer tendenziell einseitigen (beispielsweise einer rein künstlerischen) vorzuziehen wäre: „Ein zu hoher Spezialisierungsgrad ist zudem auf Leitungsebene nicht mehr erforderlich – dort werden in erster Linie generalistische Fähigkeiten abverlangt"[331] und Scharmer/Käufer führen aus ihrer Sicht aus:

Die Zeiten, in denen Individuen einen bestimmten Beruf erlernen und ihn ihr gesamtes Arbeitsleben lang ausüben, sind vorbei. Heute stehen wir vor sich rasch wandelnden Situationen, die immer mehr von uns verlangen und in denen wir uns häufig neu erfinden. Je radikaler sich unsere Umwelt verändert, desto weniger können wir uns auf existierende Denk- und Handlungsmuster verlassen und desto besser müssen wir lernen, unserem werdenden Selbst von

---

[330] Skina 2016

[331] Schmidt 2017: S. 293

der Zukunft her zu begegnen, ihm dort entgegen zu laufen.[332]

Von Matuschka befürchtet, dass finanzielle Zwänge die Besetzung der Leitungsebene mitdiktieren[333] angesichts, wie in Kapitel 2.1.2 erwähnt, „rückläufiger öffentlicher Zuwendungen"[334] bzw. angesichts einer „Krise der öffentlichen Kulturfinanzierung"[335]. Werden unter diesem Aspekt kostenbedingte Zwänge für eine GMD–Besetzung – insbesondere in kleineren, personalschwächeren Institutionen – mit bedacht, so kann aus dieser Sicht eine leitende Doppelqualifikation als Künstler und Manager für den betreffenden Betrieb und dessen monetäre Ressourcen und künstlerische Substanz und Geschlossenheit ebenfalls von entscheidender Bedeutung und Gewinn sein.

3.2.1 Ausblick

Betrachtet man die synergetischen Aspekte des Spannungsfeldes zwischen Kunst und Management für die Doppelrolle eines Dirigenten als Künstler und Manager, so kann man zwar feststellen, dass verwalterische, administrative Aufgaben selbstre-

---

[332] Scharmer/Käufer 2014: S. 15

[333] von Matuschka in: Henze 2013: S. 42

[334] Klein 2005: S. 195

[335] ebd. S. 208 f.

dend in leitenden Dirigentenpositionen angenommen oder vorausgesetzt wurden und werden; es ist jedoch mit großer Wahrscheinlichkeit anzunehmen, dass eine Kulturmangement-Qualifikation eines Dirigenten eine, wie Schirmer sagt, „learning-by-doing"-Situation,[336] gegebenenfalls eine Überforderung oder sogar Konfrontation mit außerkünstlerischen Zuständigkeits- und Verantwortungsbereichen vermeiden könnte.

3.2.1.1 Ausbildung und Kritik

Insofern wäre es wünschenswert, wenn in der dirigentischen Ausbildung Kulturmanagementaspekte mit aufgenommen werden würden, um Dirigenten für die außerkünstlerischen Bestandteile des Berufes besser vorzubereiten und damit ihre arbeitgebenden Organisationen mit spezifischerer Qualifikation auszustatten. Bohne wird diesbezüglich folgendermaßen zitiert: „Nirgendwo in Spitzenleistungsbereichen sind die ‚Manager' (also auch Dirigenten) und Hochleistungsträger so wenig in Kommunikation und Personalführung geschult wie in Orchestern"[337]. Hattinger bemerkt hieran anschließend: „Auf sich gestellt muss sich jeder Absolvent selbst die fehlenden Fähigkeiten durch Ausprobieren an-

---

[336] www.youtube.com/watch?v=GYNOikZOZyE: abgerufen: 13.7.2021

[337] Bohne in: Hattinger 2013: S. 115

eignen […]. Ein wenig mehr Kenntnisse […] könnten den Berufseinstieg wesentlich erleichtern"[338].

Nicht immer ist, wie Lüddemann feststellt, diese Schnittstellenkompetenz von Kunst und Management gewünscht, weil angenommen wird, dadurch würde die künstlerische Eigenständigkeit eingeschränkt:

Diese Einpassung des Künstlers in nicht von ihm selbst kontrollierbare Bedingungen der Produktion und Mechanismen eines von ganz anderer Rationalität als jener der künstlerischen Produktion gesteuerten Marktgeschehens bilden das zweite Bezugsfeld im Konstrukt der Künstlerrolle. Diese externen Bedingtheiten kollidieren unmittelbar mit der für das Bild des Künstlers leitenden Vorstellung der Autonomie.[339]

Wie jedoch im Kapitel 3.0 und 3.2 aufgezeigt wurde, schließen sich die Felder von Kunst und Management nicht aus; eine Betätigung oder sogar Zuständigkeit eines Künstlers (hier: eines Dirigenten) im managerialen Bereich muss deswegen nicht zwangsläufig seine künstlerische Autonomie beschneiden; sie kann, wie dargestellt wurde, sie bestenfalls sogar bestärken. Kunst und Ma-

---

[338] Hattinger 2013: S. 115

[339] Lewinski-Reuter/Lüddemann 2011: S. 205

nagement können sich in ihrer Konvergenz befruchten, so dies seitens des Künstlers gewünscht ist und durch eine quasi holistische Mehrfachkompetenz von ihm ausgeführt werden kann.

Henze betrachtet auf umgekehrte Weise, aus Sicht des Kulturmanagements, die Notwendigkeit von Kulturmanager/innen, ihren „Horizont […] zu erweitern und Verständnis für künstlerische Arbeitsprozesse zu schaffen",[340] indem die Autorin von ihnen einen „Nachweis von künstlerischen Fähigkeiten" fordert.[341]

Von Matuschka merkt hierzu an: „Kulturmanagement macht dann Sinn, wenn es sich in die spezifischen Gegebenheiten der einzelnen Produktionen einfühlt und hineindenkt"[342]. Es ist also eine Wechselbeziehung der hier besprochenen Bereiche Kunst und Management erkennbar, die dann besonders fruchtbar wird, wenn beide sich über eine reine Koexistenz hinaus einander annähern.

Demgegenüber geht Schmidt von einer „gegenwärtigen Krisensituation des öffentlichen deutschen Theatersys-

---

[340] Henze 2013: S. 191

[341] ebd. S. 193

[342] von Matuschka in: Henze 2013: S. 43

tems"[343] aufgrund „akuter struktureller Probleme"[344] aus, da „Theater seit jeher sehr hierarchische Betriebe [sind] [...]. Es gilt das ‚Einer entscheidet - Einer verantwortet' - Prinzip, das sich auf jeder Ebene des klassischen Theater-Betriebes fortsetzt"[345]. Schmidt fordert Reformen,[346] denn: „Eben dieses klassische Prinzip muss umgekehrt und den Mitarbeitern sukzessive mehr Verantwortung übergeben werden, um ihre Verbundenheit mit dem Theater und ihr Selbstwertgefühl zu stärken"[347]. Er bespricht hierzu die Idee eines Theaterdirektoriums – u.a. „Mannheimer Modell"[348] genannt –, in dem die geschäftsführende und künstlerische Theaterleitung auf mehrere Leitungspositionen bzw. Spartenleitungen aufgeteilt wird[349] als Vorstufe zu einem anzustrebenden Teammodell,[350] um mit letzterem „Theater in flacheren Hierarchien zu organisieren und mehr Teams als Entscheidungsträger zu etablieren", um so „teamorientierten und kollektiven Leitungsmodellen" Vorschub zu leis-

---

[343] Schmidt 2017: S. 47 ff.

[344] ebd. S. 77

[345] ebd. S. 247

[346] ebd. S. 7 ff.; S. 232

[347] ebd. S. 247

[348] ebd. S. 59; S. 80

[349] ebd. S. 243; S. 248, S. 223; S. 380

[350] ebd. S. 247 ff.

ten.[351] Schmidt hält diese Idee eines Leitungsteams im Theater für „dringlich notwendig"[352] und plädiert darüberhinaus für die Etablierung von mehr Mitspracherechten für die Ensembles,[353] insbesondere in den Bereichen Programm- und Spielplanung, Besetzungfragen, Neuengagements sowie bei strukturellen und personellen Entscheidun-gen.[354] Schmidt behauptet: „Wenn die Leiter der öffentlichen Häuser [...] Elemente einer partizipativen, teamorientierten Produktionsweise übernehmen, kann es gelingen, die strukturellen Dilemmata in den Theatern zu erleichtern und aufzulösen"[355].

Ohne Wert und Produktivität von Teamarbeit in Abrede zu stellen, bliebe in anderem Kontext – außerhalb dieses Buches – festzustellen, ob partizipative und auf breiter Mitsprache basierende Produktions- und Gestaltungsweisen zu der künstlerischen Geschlossenheit, Ausgewogenheit und Qualität führen würden, wie sie in der bisherigen Betrachtung und Untersuchung der Doppelrolle von Künstler und Manager festgestellt werden konnten. Schmidts Bedenken hinsichtlich einer Machtbündelung

---

[351] Schmidt 2017: S. 246

[352] ebd. S. 249

[353] ebd. S. 250; S. 381

[354] ebd. S. 252 ff; S. 381

[355] ebd. S. 77; S. 440

128

durch die derzeitig meist vorherrschende Theaterhierarchie versucht das Abschlusskapitel 3.2.2 zu beantworten.

Schmidts obiger Ideenvorlage kann zudem entgegengestellt werden, dass in Kollektiven wie im Ballett sowie besonders im Orchester strukturell und tariflich festgelegte Hierarchien vorherrschen: Im Ballettensemble gibt es die ersten Tänzerinnen und Tänzer (Primaballerina, Primaballerino), im Orchester sind die Verantwortungsschichten gehaltstariflich absteigend vom Konzertmeister/der Konzertmeisterin, über die Stellvertreter/innen, die Stimmführungen und wiederum deren Stellvertretungen bis zur Tuttimitgliedschaft einer Stimmgruppe geregelt. Es ist davon auszugehen, dass diese für Orchester durch den sogenannten Tarifvertrag für Konzert- und Theaterorchester (TVK)[356] fixierten Hierarchien sowie die für ein klassisches Ballett notwendige Solo- und Ensemblerollenverteilung ein dauerhafter und gewerkschaftlich verbriefter Bestandteil der genannten Betriebsstrukturen bleibt. Auf Schmidts Ideenvorlage bezogen würde somit eine flachere, flexiblere Hierarchie in der Theaterleitung[357] einer steileren, tarifvertraglich fixierten Hierarchie in den Kollektiven übergeordnet sein. Deren Vereinbarkeiten ließe sich voraussichtlich nur fallbedingt und empirisch feststellen.

---

[356] Mertens 2018

[357] Schmidt 2017: S. 264

3.2.1.2 Schnittmengen von Künstler- und Unternehmertum

Aus Sicht des Künstlers (hier: des Dirigenten) sowie des Kulturmanagers kann jedoch gesagt werden, dass eine Kohärenz ihrer jeweiligen Kernqualifikationen für optimale Resultate und Effizienz in den gemeinsamen, sich bedingenden Gestaltungsprozessen Sorge tragen kann. Aus Sicht der Schnittstellen Kunst und Management bestätigt Gansch: „Eine Führungskraft hat die Aufgabe, das komplexe Wechselspiel aller Kräfte und Interessen auf ein Ziel auszurichten"[358] und führt dazu weiter aus, „ […] dass die Führungskraft Dirigent die Aufgabe hat, dem ganzen komplexen Geschehen […] eine übergeordnete Idee zu Grunde zu legen, die alles zusammenhält. Nicht anders als bei Unternehmensstrategien"[359]. Auch Sievertsen/Frantz sehen u.a. Parallelen zwischen dem Dirigenten- und Unternehmerberuf: „Die Umsetzung der Aufgaben von Managern und Dirigenten hat viele Parallelen. Sie brauchen Sensibilität für das Machbare und für das Arbeitstempo […]"[360].

Mit den Aussagen von Gansch und Sievertsen/Frantz kann angenommen werden, dass Künstlertum und Unternehmertum unter diesen Aspekten näher beieinander-

---

[358] Gansch 2006: S. 118

[359] ebd. S. 124

[360] Sievertsen/Frantz 2007: S. 87

stehen als gemeinhin vermutet werden würde. Dies be-
stätigt der Unternehmer Würth in Sievertsen/Frantz,
durch seine Aussage darüber, „wie eng die Parallelen
zwischen Musikalität einerseits und wirtschaftlichem
Tun andererseits sind", und erläutert: „So wie Justus
Frantz sein Orchester zu einem der erfolgreichsten in der
Welt machen konnte, so sind auch Betriebe und Unternehmen, die geführt werden von Menschen, die von ihrer
Aufgabe hundertprozentig überzeugt und bereit sind, als
Vorbild voranzugehen, besonders erfolgreich"[361]. Diesen
Aspekt des Unternehmertums kann man in den Kontext
dieses Buches so übertragen, dass künstlerische Passion
und Enthusiasmus die kulturmanagerialen und verwalterischen Komponenten der hier besprochenen Doppelrolle
ebenso befeuern können, wie das Kulturmanagement der
Entfaltung der Kunst dienen soll. Neben wirtschaftlichem Pragmatismus und unternehmerischem Kalkül
sieht Würth – ähnlich wie Scharmer – ein in die Zukunft
gerichtetes Wirken folgendermaßen: „Visionen sind der
Inbegriff des nie auslernenden Unternehmens" und führt
aus:

Visionen animieren ein Unternehmen. Sinn und
Zweck argumentativer Visionen ist es, diese Antwort
zu provozieren und damit jene Kräfte zu mobilisie-
ren, die der Mensch in sich trägt – die Kräfte des

---

[361] Sievertsen/Frantz 2007: Abschnitt VI f.

Körpers, des Geistes und der Seele, die Kräfte seiner Imagination, seiner Kreativität, seines ganzen Lebens. Visionen wecken schlafende Energien. Sie setzen Kräfte frei, die wir sonst nie nutzen würden.[362]

Senge setzt diesbezüglich unternehmerische und politische Führung mit der Kunst so in Bezug,

...dass die größte aller menschlichen Errungenschaften die des schöpferischen Prozesses ist, wie wir das Neue in die Welt bringen. Diesen schöpferischen Prozess zu verstehen, ist die Grundlage dafür, in einem Bereich wirkliche Könnerschaft zu entwickeln. Dieses Wissen ist tief in der Kunst verankert, und es beschreibt die Momente, wenn ‚es magisch wird‘, Erfahrungen, von denen Künstler im Theater, in der Musik oder auch im Sport selten sprechen.[363]

3.2.1.3 Philosophischer Exkurs (Friedrich Schiller)

Als kurzer philosophischer Exkurs dieses Ausblick-Kapitels kann bezugnehmend auf den vorausgegangenen kunstphilosophischen Exkurs (Kapitel 1.3) und dem in Kapitel 2.1.6 erwähnten Schiller-Bezug erläuternd dargelegt werden, dass Fried-

---

[362] Würth in: Sievertsen/Frantz 2007: S. 110 f.

[363] Senge in: Scharmer 2009: S. 13

rich Schiller hinsichtlich einer „ästhetischen Erziehung des Menschen",[364] für die er „Untersuchungen über das Schöne und die Kunst"[365] anstellt, den sogenannten „Spieltrieb" als ausgleichendes Moment zwischen dem „Formtrieb", den er als vernunfts-, und dem „Stofftrieb", den er als empfindungsgesteuert bzw. als sinnlich bezeichnet,[366] formuliert und behandelt. Schiller bezeichnet den „Spieltrieb also, als in welchem beide [Form- und Stofftrieb als Gegensätze] verbunden wirken"[367] und statuiert: „Der Mensch spielt nur, wo er in voller Bedeutung des Wortes Mensch ist, und er ist nur da ganz Mensch, wo er spielt"[368].

Es würde zu kurz greifen, in diesem Kontext den „Stofftrieb" auf die Materie der Kunst und den „Formtrieb" auf die des Managements anzuwenden, weil Schiller als Objekt des „Spieltriebs" die Schönheit nennt, die er mit Ästhetik gleichsetzt.[369] Sie hat ein stark verbindendes Moment zwischen den rein sinnlich-stofflichen und den geistig-abstrakten Elementen bzw. Trieben. Durch die

---

[364] Schiller 1997

[365] ebd. S. 15

[366] ebd. S. 47 f.

[367] ebd. S. 55

[368] ebd. S. 60

[369] ebd. S. 57

Schönheit wird, so Schiller „der sinnliche Mensch zur Form und zum Denken geleitet; durch die Schönheit wird der geistige Mensch zur Materie zurückgeführt und der Sinnenwelt wiedergegeben [...]. Die Schönheit verknüpft die zwei entgegengesetzten Zustände des Empfindens und des Denkens"[370].

Ein im schillerschen Sinne spielerischer Umgang mit gegensätzlichen – oder scheinbar gegensätzlichen – Elementen führt also durch das vernetzende Moment (s. Kapitel 3.2.2) dieses spielerischen Umgangs auf eine höhere und synergetische Ebene, die Gegensätzlichkeiten versöhnt oder auflöst. Marcuse greift den Begriff des schillerschen „Spieltriebs" auf und erweitert ihn auf „das Spiel des Lebens selbst", das sich innerhalb und – verbindend und überhöhend – jenseits von Gegensätzen bewege.[371]

Vermag der Künstler oder Manager also spielend das Spannungsfeld von Kunst und Management zu bedienen, so schafft er mit dieser Vernetzung ein neues kreatives Feld, das aufgrund der entstehenden Synergien seine eigene Strahlkraft und somit im schillerschen Sinne Schönheit haben kann. Damit würde eine gelungene

---

[370] Schiller 1997: S. 66 f.

[371] Marcuse 1980: S. 171 ff.; S. 185 f.

Doppelrolle als Künstler und Manager eine eigene Ästhetik gewinnen.

3.2.2 Abschluss

Geht man an dieser Stelle abschließend von einer – sich gegenseitig ergänzenden – oder, nach Schiller, „spielenden" – Korrelation von Kunst und Management aus, so darf man annehmen, dass eine Personalunion von Künstler und Manager ein hohes fruchtbares, kreatives, produktives und konstruktives Potential hat. Geht man außerdem davon aus, dass Kunst und Management sich nicht ausschließen, sondern, wie hier aufgezeigt wurde, in einer sich gegenseitig fördernden und bedingenden Wechselbeziehung stehen, so geht es in einer Doppelrolle als Künstler und Manager darum, beide Bereiche in gegenseitigem Nutzen miteinander zu vernetzen. Sievertsen/Frantz stellen fest: „Für Dirigenten wie Manager ist das vernetzte Denken, das Bündeln unterschiedlicher Perspektiven wichtig"[372] und führen an anderer Stelle dazu aus:

Gute Dirigenten verfügen über die Fähigkeit, vernetzt zu denken. Sie kennen das Ziel, Wissen um ihre Interpretation – und sind gleichzeitig offen für [...] Anregungen [...]. Das bedeutet nicht, dass sie sich dem Zufall anvertrauen oder unstrukturiert arbeiten.

[372] Sievertsen/Frantz 2007: S. 98

Weit eher ist es ein spielerischer Umgang mit Mög-
lichkeiten – also mit Ressourcen.[373]

Wenn es also um spielerische Ressourcennutzung von Kunst und Management geht, um eine vernetzende, fruchtbare Korrelation von beiden Bereichen, dann kann von einem „Spannungsfeld"[374], von dem zu Beginn dieser Arbeit ausgegangen wurde, nicht mehr gesprochen werden. In diesem Sinne kommt Lüddemann zu folgender Erkenntnis:

Schließlich gehört zu den Metamorphosen, die der Künstler in der Gegenwart durchläuft, auch diejenige seiner Verwandlung zum Kurator, Projektkoordinator und Netzwerker, kurzum zu einem Organisator, der sich ästhetischen Prozessen zuwendet [...]. Es scheint, als ergäbe sich in dieser Hinsicht eine neue Konvergenz von Künstler und Kulturmanager.[375]

In einem Interview mit Jürgen Bachmann (Anm.: keine Verwandtschaft zum Autor dieses Buches), ehemaliger Kulturreferent der Audi AG und Kulturmanager des Jah-

---

[373] Sievertsen/Frantz 2007: S. 77

[374] Wolfram in: Henze 2013: S. 243 und 245; [374] Hoppe/Heinze 2016: S. 13; S. 31

[375] Lewinski-Reuter/Lüddemann 2011: S. 210

res 2011,[376] sagte dieser zu der Frage, worin die besten Voraussetzungen für einen Kulturmanager bestünden, dass „das richtige Handwerkszeug" Expertisen in geschäftsführerischen als auch künstlerisch-kulturellen Bereichen seien und führt aus:

Es ist sehr wichtig, die Brücke zwischen der Unternehmens- und Markenwelt und der Welt der Künstler schlagen zu können. Und das sollte nicht nur ein Steg oder eine kleine Brücke, sondern das sollte eigentlich eine gut geteerte, mehrspurige Straße sein, damit diese Verbindung zwischen beidem als absolut natürlich und strategisch gewachsen gesehen werden kann.[377]

Auf die Frage, ob Kunst und Kultur ein Management bräuchten, antwortet Jürgen Bachmann: „Direkt und ohne nachzudenken: Unbedingt!"[378]. Wolfram statuiert dies folgendermaßen: „Kulturmanagement als integratives Moment künstlerischer Arbeit"; er erläutert hierzu aus Sicht des Kulturmanagements:

Auf dieser Ebene könnten Künstler zu Partnern werden, zu besonderen Akteuren, die sowohl kreative

---

[376] Henze 2013: S. 253

[377] Jürgen Bachmann in: Henze 2013: S. 138

[378] ebd. S. 139

Schaffensprozesse wie auch organisationale Ebenen
als Kernbestandteile ihrer Arbeit begreifen[379]

und räumt ein, dass dies, wie bereits in Kapitel 3.2.1 erwähnt, „praktisch gesehen schon längst Realität" sei, jedoch diese „Schnittstelle" immer noch mit Vorbehalt betrachtet werde.[380]

Was Lüddemann und Wolfram, wie in diesem Kapitel
aufgeführt, darlegen, sind also keine Bedenken hinsichtlich einer Machtbündelung, wie sie Schmidt, wie in Kapitel 3.2.1.1 dargestellt, zum Ausdruck bringt und reduzieren möchte. Im Gegenteil: Wolfram nennt als positi-
ves Beispiel den Komponisten, Dirigenten, Juristen und
Intendanten in Personalunion Peter Ruzicka, der „Fragen
der Politik, der Organisation und der Ästhetik als miteinander verbunden begriffen hat"[381]. Wolfram spricht von
„sich wandelnden Rollenbildern von Künstlern in der
Gesellschaft" und fordert: „Der Künstler muss als han-
delnder Partner für kulturelle Institutionen neu gedacht
werden";[382] dazu müssten „Künstler ihr eigenes kreatives
Potenzial auch als organisationales [sic] Kompetenzfeld

---

[379] Wolfram in: Henze 2013: S. 243

[380] ebd. S. 244

[381] ebd.

[382] ebd. S. 247

verstehen, dass sie selbstbewusst und selbstermächtigend vertreten"[383].

Ein selbstbewusstes Ergreifen, Erlernen und Anwenden kulturmanagerialer Qualifikationen kann einen Dirigenten innerhalb seiner künstlerischen Autonomie und der beschriebenen Mannigfaltigkeit seines Aufgaben- und Zuständigkeitsbereiches selbstermächtigend unterstützen. Mehr noch, auf dem Gebiet des Kulturmanagements kann er nunmehr Gestalter und Schöpfer, nicht mehr nur allein musikalischer Nachschöpfer[384] sein. Er erweitert damit sein kreatives und gestalterisches Spektrum sowie seine dramaturgischen und programmgestalterischen Möglichkeiten, prägt damit tiefer seinen internen und externen Arbeitsstil und damit den der von ihm geleiteten Institution mit einem einheitlichen und holistischen Profil, erhöhtem Wiedererkennungswert und sicherem Alleinstellungsmerkmal (Branding), steigert seine inneren und äußeren Führungs- und Kooperationskompetenzen und erlangt damit weitreichende Eigengestaltungsfähigkeiten und -möglichkeiten und hohe Selbstverantwortung innerhalb einer folglich gewonnenen betrieblichen und künstlerischen Führungs-Homogenität seiner Institution. Durch diese Ressourcenvermehrung entsteht für den Künstler und Manager in Personalunion eine Wertschöp-

---

[383] Wolfram in: Henze 2013: S. 250

[384] Swarowsky 1979: S. 72; Walter 1986

fungsmöglichkeit, die jeder Organisation zugute kommen kann.

3.3 Epilog

Schiller, von dem hier an mehreren Stellen die Rede gewesen ist, gibt im neunten seiner Briefe „Über die ästhetische Erziehung des Menschen", die diese Untersuchung an mehreren Stellen aus philosophischer Warte begleitete, eine Antwort auf die Frage der Vereinbarkeit von intrinsischem künstlerischen Schaffen und den Bedürfnissen und Einflüssen der äußeren Welt. Seine Antwort ist nicht weniger idealistisch als für einen Vertreter des Deutschen Idealismus zu erwarten gewesen wäre; sie ist jedoch versöhnend bezüglich der Notwendigkeit der vom Verstande zu bedienenden „Sphäre des Wirklichen" (s.u.), der Wirklichkeit. Das Zitatende, in dem mit den Polaritäten des Möglichen und des Notwendigen ein Ideal zu erzielen sei, klingt geradezu poetisch:

Wie verwahrt sich aber der Künstler von [sic] den Verderbnissen seiner Zeit, die ihn von allen Seiten umfangen? Wenn er ihr Urteil verachtet. Er blicke aufwärts nach seiner Würde und dem Gesetz, nicht niederwärts nach dem Glück und nach dem Bedürfnis. Gleich frei von der eiteln Geschäftigkeit [...] überlasse er dem Verstande, der hier einheimisch ist, die Sphäre des Wirklichen; er strebe, aus dem Bunde des Möglichen mit dem Notwendigen das Ideal zu erzeugen. Dieses präge er aus [...] in allen sinnlichen und geistigen Formen und werfe es schweigend in die unendliche Zeit.[385]

---

[385] Schiller 1965, S. 33f.

4.0 Quellenverzeichnis

4.1 Fachliteratur

Adorno, Theodor

- *Noten zur Literatur III*
Gesammelte Schriften Band 11
Frankfurt/Main[3] 1990

- *Ästhetische Theorie*
Gesammelte Schriften Band 7
Frankfurt/Main[6] 1996

- *Kulturindustrie: Aufklärung als Massenbetrug;* Stuttgart 2015
s. Horkheimer, M./Adorno, Th.

Bate, Paul

Cultural Change: Strategien zur Änderung der Unterneh mensstruktur; München 1997

Baudelaire, Charles

Sämtliche Werke/Briefe; Band 2
München 1983

Baumgarten, Alexander Gottlieb

Theoretische Ästhetik
Die grundlegenden Abschnitte der Aesthetica (1750/58)
Übersetzt und herausgegeben von

143

Hans Rudolf Schweizer
Hamburg^2 1988
s. Hans Rudolf Schweizer

Biermann, Karlheinrich
Victor Hugo. Monographie
Reinbek bei Hamburg 1998

Brezinka, Thomas   *Orchestermanagement*;
Kassel 2005

Busch, Fritz   *Aus dem Leben eines Musikers*
Frankfurt/M. 2001

Busch, Grete   *Fritz Busch. Dirigent*
Frankfurt/M. 1985

Deppisch, Walter   *Richard Strauss. Monographie*
Reinbek bei Hamburg 1968

Dey, Günther   *Rechnungswesen in Kulturbetrieben. Ein Leitfaden;*
Wiesbaden 2017

Fischer-Dieskau, Dietrich
*Goethe als Intendant
Theaterleidenschaften im klas-
sischen Weimar*; München 2006

Fisher, Roger/Ury, William/Patton, Bruce
Das Harvard-Konzept.
Die unschlagbare Methode für
beste Verhandlungsergebnisse
Frankfurt/Main 1984/2015

Goethe, Johann Wolfgang von
Maximen und Reflexionen
Goethe 's [sic] Werke
Zwanzigster Band
Sprüche in Prosa – Ethisches
Berlin, 1873

Günter, Bernd/Hausmann, Andrea
Kulturmarketing;
Wiesbaden 2009

Graf, Oliver   *Theaterdisposition*;
Wiesbaden 2020

Grunig, James/Hunt, Todd
Managing Public Relations;
New York 1984

Hattinger, Wolfgang *Der Dirigent. Mythos, Macht,*
Merkwürdigkeiten; Kassel 2013

Hegel, Georg Wilhelm Friedrich
Vorlesungen über Ästhetik
Ausgabe in 2 Bänden
Stuttgart/Leipzig 1971

Heinrichs, Werner *Kulturmanagement. Eine praxis-
orientierte Einführung*
Darmstadt[2] 1999

Heinrichs, Werner/Klein, Armin
*Kulturmanagement von A–Z
600 Begriffe für Studium und
Praxis*; München[2] 2001

Hillig, Hans-Peter *Urheber- und Verlagsrecht*,
München 2023

Höhne, Steffen *Kunst- und Kulturmanagement:
Eine Einführung*
Paderborn 2009

Jungheinrich, Hans-Claus
*Der Musikdarsteller. Zur Kunst
des Dirigenten*; Frankfurt/M. 1986

Hein, Hartmut/Caskel, Julian
*Handbuch Dirigenten.
250 Porträts*; Kassel 2015

Henze, Raphaela (Hg.)

> *Kultur und Management.*
> *Eine Annäherung;*
> Wiesbaden 2013

Holle, Gérard du Ry van Beest (Hg.)

> *Holle Kunstgeschichte*
> Erlangen 1988

Hoppe, Bernhard M./Heinze, Thomas

> *Einführung in das Kulturmana-*
> *gement. Themen - Kooperationen*
> *- Gesellschaftliche Bezüge*
> Wiesbaden 2016

Horkheimer, Max/Adorno, Theodor W.

> *Kulturindustrie: Aufklärung als*
> *Massenbetrug*
> Stuttgart 2015

Klein, Armin

> *- Projektmanagement für*
> *Kulturmanager;*Wiesbaden[2] 2005
>
> *- Der exzellente Kulturbetrieb*
> Wiesbaden[2] 2008

Klein, Armin (Hg.)   *Starke Marken im Kulturbetrieb*;
                      Baden-Baden 2007

Irene Knava/Thomas Heskia
                      ISO for Culture.
                      Qualitätsmanagement als Füh-
                      rungsinstrument. Standards in
                      Kulturbetrieben praktisch
                      umsetzen; Wien 2016

Kant, Immanuel   *Kritik der Urteilskraft*
                      Leipzig 1922
                      Hg. Karl Vorländer

Kirchhoff, Bodo   *Erinnerungen an meinen Porsche*
                      Hamburg 2009

Koch, Peter/Weiß, Wieland (Hg.)
                      Gabler Versicherungs-Lexikon;
                      Wiesbaden 1994

Kostka, Claudia   *Change Management.*
                      Wandel gestalten und durch
                      Veränderungen führen;
                      München 2017

Kostka, Claudia/Mönch, Annette

Change Management.
7 Methoden für die Gestaltung
von Veränderungsprozessen;
München[4] 2009

Kunz, Gunnar C.
Personalführung.
20 grundlegende Instrumente im
Überblick; München[2] 2020.

Koch, Willi A.
Musisches Lexikon
Künstler, Kunstwerke und Motive
aus Dichtung, Musik und
bildender Kunst
Stuttgart[3] 1976

Lewinski-Reuter, Verena/Lüddemann, Stefan (Hg.)
Glossar Kulturmanagement;
Wiesbaden 2011

Lebrecht, Norman
Der Mythos vom Maestro;
Zürich 1991

Luckscheiter, Roman (Hg.)
L'art pour l'art. Der Beginn der
modernen Kunstdebatte in fran-
zösischen Quellen der Jahre
1818 bis 1847; Bielefeld 2003

Mandel, Birgit (Hg.)   *Teilhabeorientierte Kulturvermitt-*
                        lung. Diskurse und Konzepte
                        für eine Neuausrichtung des
                        öffentlich geförderten Kultur-
                        lebens; Bielefeld 2016

Marcuse, Herbert   *Triebstruktur und Gesellschaft.*
                        Ein philosophischer Beitrag zu
                        Sigmund Freud
                        Frankfurt/Main 1980

Merten, Klaus   *Einführung in die Kommunika-*
                        tionswissenschaft. Band 1:
                        Grundlagen der Kommunika-
                        tionswissenschaft; Münster 2007

Mertens, Gerald   *Orchestermanagement*
                        Wiesbaden 2018

Moritz, Karl Philipp   - Werke Band 2;
                        Frankfurt/M. 1981

                        - *Die Signatur des Schönen*
                        und andere Schriften zur Begrün-
                        dung der Autonomieästhetik
                        Stefan Ripplinger, Hg.
                        Hamburg 2009 (s. Ripplinger)

Nietzsche, Friedrich   Werke, Band 2 München 1956

Novalis   Werke, Tagebücher und Briefe
Band 2; München 1978

Partsch, Susanna   *Haus der Kunst.*
Ein Gang durch die Kunst-
geschichte von der Höhlenma-
lerei bis zum Graffiti
München 1999

Rauch, Christian   *Corporate Sustainable Branding*;
Wiesbaden 2012

Rilke, Rainer Maria   *Moderne Lyrik*
Sämtliche Werke Band 5
Frankfurt/M. 1965

Ripplinger, Stefan (Hg.)
Karl Philipp Moritz
Die Signatur des Schönen und
andere Schriften zur Begründung
der Autonomieästhetik
Hamburg 2009 (s. Moritz)

Safranski, Rüdiger   *Goethe und Schiller*
                      Geschichte einer Freundschaft
                      München 2009

Scharmer, Otto   *Theorie U. Von der Zukunft her*
                      führen. Presencing als soziale
                      Technik; Heidelberg 2009

Scharmer, Otto/Käufer, Katrin
                      Von der Zukunft her führen.
                      Theorie U in der Praxis
                      Heidelberg 2014

Schaub, Günter   *Arbeitsrechts-Handbuch*
                      München[14] 2011

Schelling, Friedrich Wilhelm Joseph von
                      Philosophie der Kunst
                      Darmstadt 1960

Schiller, Friedrich von
                      - *Über die ästhetische Erziehung*
                      des Menschen; Dürnau[2] 1997

                      - *Über die ästhetische Erziehung*
                      des Menschen; Stuttgart 1965

Schlegel, Friedrich   *Charakteristiken und Kritiken I*
München, Paderborn, Wien 1967

Schmid-Egger, Christian
                      Mitarbeitergespräche;
                      München 2011

Schmidt, Thomas   *Theater, Krise und Reform. Eine Kritik des deutschen Theater-systems*; Wiesbaden 2017

Schneidewind, Petra   *Betriebswirtschaft für das Kulturmanagement. Ein Handbuch*; Bielefeld 2006

Schneck, Ottmar   *Lexikon der Betriebswirtschaft*; München 2018

Schreiber, Wolfgang   *Große Dirigenten*; München 2005

Schultz, Volker   *BWL Basiswissen*; München 2010

Schweizer, Hans Rudolf (Hg. und Übersetzung)
                      Alexander Gottlieb Baumgarten
                      Theoretische Ästhetik

*Die grundlegenden Abschnitte
der Aesthetica (1750/58)*
Hamburg[2] 1988; siehe:
Baumgarten, Alexander Gottlieb

Skina, Daniel

*Die heterogenen Aufgaben
Künstlerischer Direktionen in der
Darstellenden Kunst. Eine Unter-
suchung unter Einbeziehung des
Personal- und Rechnungswesens*;
Norderstedt 2016

Spitzer, Manfred

*Musik im Kopf. Hören, Musizie-
ren, Verstehen und Erleben im
neuronalen Netzwerk*
Stuttgart[2] 2014

Swarowsky, Hans

*Wahrung der Gestalt.
Schriften über Werk, Wiedergabe,
Stil und Interpretation*
Hg. Manfred Huss; Wien 1979

Walter, Bruno

*Von der Musik und vom
Musizieren*; Frankfurt 1986

Wilde, Oscar

Das Bildnis des Dorian Gray
Stuttgart 2017

Wulf, Andrea	*Fabelhafte Rebellen*
	Die frühen Romantiker und die
	Erfindung des Ich
	München² 2022

Hochgestellte Ziffern hinter den Verlagsortangaben bezeichnen, soweit bekannt, die jeweilige Auflage des Werkes.

4.2 Internetquellen

https://www.friedrich-schiller-archiv.de/philosophische-schriften/die-schaubuehne-als-eine-moralische-anstalt-betrachtet/ abgerufen am 9.9.2024

https://www.wipo.int/portal/en/index.html
abgerufen am 10.9.2024

https://www.deutschlandfunk.de/die-geburtsstunde-des-urheberrechts-100.html abgerufen am 10.9.2024

https://rsw.beck.de/aktuell/daily/meldung/detail/eugh-c227-23-eames-chair-urheberrecht-geschichte-berner-uebereinkunft abgerufen am 10.9.2024

Gabler   Wirtschaftslexikon (online):
https://wirtschaftslexikon.gabler.de/definition/kosten-rechnung-39542

https://wirtschaftslexikon.gabler.de/definition/rech-nungswesen-45136

https://wirtschaftslexikon.gabler.de/definition/gewinn-und-verlustrechnung-guv-33703

https://wirtschaftslexikon.gabler.de/definition/marken-image-39736/version-263138
alle vier abgerufen am 18.5.2021 und 21.5.2021

https://www.controllingportal.de/Fachinfo/Kostenrech-nung/Break-Even-Analyse.html abgerufen am 22.5.2021

https://das-unternehmerhandbuch.de/das-kleine-1x1-der-rechnungswesen-begriffe-auszahlung-ausgabe-aufwand-und-kosten-1/#Ausgabe abgerufen am 22.5.2021

https://de.wikipedia.org/wiki/%C3%96ffentlichkeitsar-beit#Abgrenzung_zu_Marketing(kommunikation)_un-d_Werbung abgerufen am 22.5.2021

https://en.wikipedia.org/wiki/Dumbing_down
abgerufen am 22.5.2021

https://de.wikipedia.org/wiki/Jens_Georg_Bachmann
abgerufen am 25.5. 2021

https://www.britannica.com/biography/James-Levine
abgerufen am 25.5. 2021

https://www.der-theaterverlag.de/opernwelt/archiv/arti-kel/prinzip-neugier-oder-was-bleibt-von-20072008/
abgerufen am 12.7.2021

https://www.welt.de/print-wams/article615043/Ich-trae-ume-von-einer-Zauberfloete-unserer-Zeit.html
abgerufen am 12.7.2021

https://www.laphil.com/brand-toolkit
abgerufen am 10.09.2024

https://www.welt.de/welt_print/article2515936/Buehne-An-der-Mailaender-Scala-wird-wieder-gestreikt-Aalto-Theater-Essen-ist-Opernhaus-des-Jahres-Auszeichnun-gen-Maria-Cecilia-Barbetta-erhaelt-aspekte-Literatur-preis.html abgerufen am 12.7.2021

https://www.sachsen-fernsehen.de/besucherrekord-fuer-die-oper-leipzig-589024/#
abgerufen am 12.7.2021

https://opernmagazin.de/der-gmd-der-oper-leipzig-ulf-schirmer-im-gespraech-mit-dem-opernmagazin/
abgerufen am 12.7.2021

https://www.concerti.de/interviews/ulf-schirmer/
abgerufen am 12.7.2021

www.youtube.com/watch?v=GYNOikZOZyE
abgerufen am 12.7.2021

www.youtube.com/watch?v=kQ-_f1HBQu8
abgerufen am 12.7.2021

www.youtube.com/watch?v=DkqFkhvQ854
abgerufen am 15.7.2021

www.youtube.com/watch?v=hCjseRLAh3w
abgerufen am 15.7.2021

https://www.lvz.de/Nachrichten/Kultur/Oper-Leipzig-beendet-Spielzeit-mit-Besucher-und-Umsatzplus-Insgesamt-166.000-Gaeste abgerufen am 12.7.2021

4.3 weitere Quellen

Persönliche Gespräche mit:

- James Levine während Assistenzzeit des Autors in den Jahren 2000–2007
- Christoph von Dohnányi während Assistenzzeit des Autors in den Jahren 2007–2009
- Wolf-Dieter Hauschild; Weimar, November 1996

Telefonate mit:

- Ulf Schirmer am 8.6.2021
- Stefan Soltesz am 20.6.2021